항공관련 60여개 대학생과
중국 유학생을 위한

항공사 인적자원관리

航空公司人力资源管理

함봉수 · 서균림 · 한향숙 · 김지아 공저

백산출판사

머리말

본서는 당초, 국내 60여개 대학에 개설된 항공운항 및 항공관광, 스튜어디스 등 명칭의 항공관련 학과 생들에게 항공사의 이해와 종사원으로서의 교육을 위해 개발한 국내 최초의 항공사 인적자원관리 교재입니다.

교재 개발 중에 마침 항공여승무원을 지망하는 중국유학생 반이 대학에 개설되어, 이들에게도 활용될 수 있게 주요 부분과 장별 요약내용을 중국어로 병기하여 보완하였습니다.

중국어로 병기가 되니, 항공사나 서비스기업에 취업할 국내 60여개 항공관련 대학생들에게는 항공사 인적자원관리와 중국어를 함께 공부하는 시너지 효과를 기대할 수 있게 되었습니다. 우리나라의 중요 관광국이며, 앞으로 무한하게 증대될 중국 관광객의 언어를 자연스럽게 접할 수 있게 된 것입니다. 중국유학생들에게는 한국어와 한국 항공사 인적자원관리를 함께 배울 수 있는 실용적 교재가 되었습니다.

학생들은 졸업하고 어떤 형태의 기업이던 취업하게 되므로, 대학에서는 기업경영과 종사원으로서의 역할을 알 수 있게 교육해야 합니다. 항공관련 학과에서 경영과 인적자원관리를 교과목으로 교육하는 대학이 이제는 늘고 있지만, 과거에는 거의 찾아볼 수가 없었습니다.

수원과학대학 항공관광과 만이 17년 전부터 경영과 인적자원관리를 교과목으로 개설하고 있었을 뿐입니다.

저자가 대기업에서 27년간 근무하면서 여직원의 전력화로 경영과 인적자원관리 교육이 필요하다는 생각을 하였었습니다. 교수가 되어서는 서비스기업 임원들로부터 여학생들에게 경영과 인적자원관리 교육을 하여달라는 요청을 받았습니다.

회사가 어려움에 처해, 윗분들이 고민하는 분위기여도 여직원들은 전혀 개의치 않는다고 염려를 하였었습니다. 회사 종사원으로서 함께 걱정하거나 힘을 모으려는 모습은 찾아 볼 수가 없다며, 이를 대학이 바로 잡아달라는 것이었습니다.

수원과학대학 항공관광과는 국내 D항공사와 특수 관계를 맺고 있는 한 대학을 제외한, 명문 4년제 대학과 국내 60여개 항공관련대학과의 경쟁에서 가장 많은 항공여승무원을 배출하고 있습니다. 서비스대기업 취업에서도 국내대학 중에서 가장 많은 학생들에게 양질의 취업을 시키고 있습니다.

기업의 교육원 관계자들로부터는 수원과학대학 항공관광과 학생들은 신입사원 교육에서 부터 타 대학 학생과는 다르게 우수하다는 평가를 받고 있습니다. 현업부서장들로부터도 기업에 가장 잘 적응하는 직원들이라고 호평 받고 있습니다. 학과생들이 이렇게 인정받게 된 것은 여러 원인이 있었겠지만, 학과에서 경영학과 인적자원관리를 교육한 것과 무관하지 않다고 분석하고 있습니다.

본 교재가 국내의 60여개 대학에 개설된 항공운항 및 항공관광, 스튜어디스 등 학과 생들의 필수 교과목으로서 항공사 인적자원관리와 중국어를 함께 공부하고. 항공여승무원 지망 중국유학생들은 인적자원관리와 한국어를 공부하는 실용교재로 활용되어지기를 기대합니다.

2010년 겨울, 마포 누거에서

대표 저자 함 봉 수

차 례

Chapter 01

Chapter 02

Chapter 07

임금관리(工资管理) 177

Chapter 08

복리후생(福利) 211

Chapter 01

항공서비스의 이해

(航空服务理解)

Chapter 01 항공서비스의 이해(航空服务理解)

제1절 항공서비스(航空服务)

1. 항공서비스의 개념(航空服务的概念)

항공서비스는 생산과 소비가 원활이 이루어지도록 인간이나 재화를 장소적 요인(거리적 공간)과 시간적 요인(시간적 간격)을 항공기를 사용하여 이동시키는 것이다.

[그림 1-1] 항공서비스의 개념

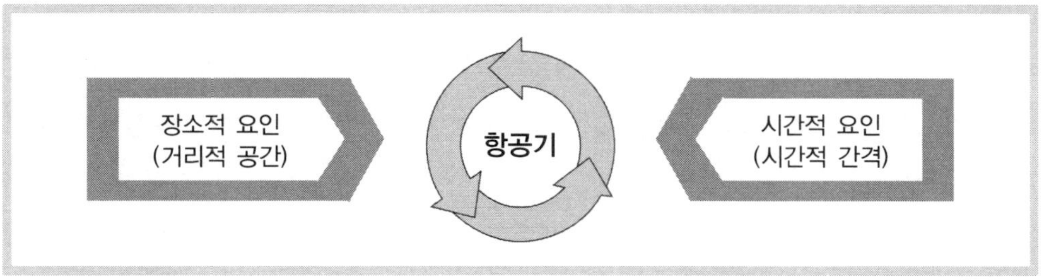

자료 : 저자 작성.

승객은 예약 및 발권을 통해 특정 항공사와 운송계약을 하게 되며, 공항에 도착하여 탑승수속과 수하물서비스 등 공항서비스를 받은 후 기내에 탑승하게 된다. 기내 탑승 후 목적지에 도착할 때까지는 기내서비스를 받게 되며, 목적지 공항에 도착하여 다시 입국장을 나오기까지 공항서비스를 거치게 된다.

항공사는 고객에게 쾌적한 항공좌석을 제공함과 동시에 인적서비스를 추가하여 안전하고 신속한 운항으로 여행자를 정해진 목적지까지 이동시켜 상품가치를 구현한다. 따라서 항공사가 생산, 판매하는 상품은 고정적 상품과 유동적 상품의 양면을 동시에 지니고 있다. 좌석의 예약 · 판매, 공항에서의 탑승수속, 기내서비스, 수하물의 처리 등은 항공운송서비스의 대표적인 구성요소들이다.

[그림 1-2] 항공서비스의 양면성

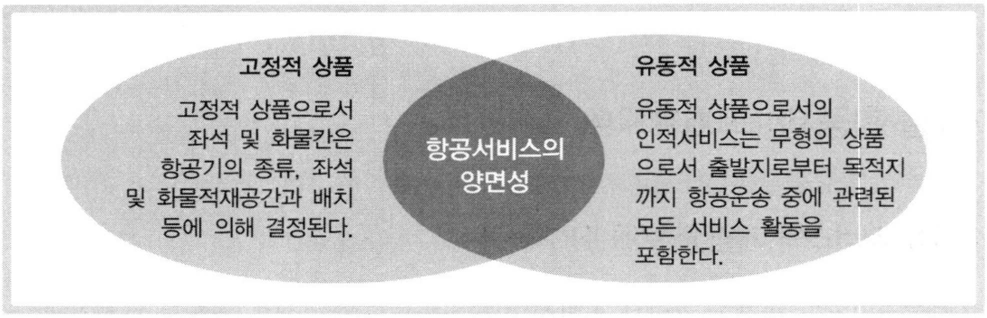

자료 : http://cyber.hau.ac.kr:8010/course_data/HU2103/1/hu2103_1_4.asp#

2. 항공서비스의 특성(航空服务的特性)

항공서비스란, 항공기라는 유형재를 이용하는 것과 함께 무형의 서비스로 구성되어 있으며, 무형의 서비스산업 특성을 강하게 갖고 있기 때문에 서비스산업 특성과 유사하다.

Kotler(1988)는, 서비스란 타인에게 제공할 수 있는 활동이나 혜택으로서 무형적이며 소유될 수 없는 것이라고 정의하였고, 원석희(2001)는, 서비스 제공자 입장에서는 부가가치의 본질, 그리고 소비자 입장에서는 구매하는 상품의 본질이 무형적인 동시에 서비스 창출 및 제공과정과 고객이 서비스를 인지할 때에 강한 인적요인이 작용하는 서비스라고 정의하고 있다.

항공서비스는 서비스산업과 마찬가지로 무형성, 소멸성, 동시성, 다양성, 이질성,

인적의존성, 시간과 장소의 제약성, 서비스 품질의 측정곤란성 등의 특성을 갖고 있다. 이에 대한 견해도 학자마다 강조하는 점이 다른데, 예를 들면 Kotler(1988)는 무형성, 비분리성, 변화성, 소멸 가능성을 강조하였고, Fitzsimmons & Sulivan(1982)은 무형성, 고객참여, 소멸가능성, 노동집약성, 서비스품질의 측정 곤란성을 강조하고 있다. Parasuraman, Berry and Zeithmal(1991)은 5차원적 결정요인인 유형성, 신뢰성, 반응성, 확신성, 공감성으로 분류하기도 한다.

본서에서는 이 중 항공서비스의 특성을 무형성, 소멸성, 이질성, 생산과 소비의 동시성을 중심으로 정리하였다.

1) 무형성(Intangibility; 无形性)

항공서비스의 가장 큰 특징은 무형성이라고 할 수 있다. 항공기라는 유형재를 사용하여 수익을 창출하지만 고객이 느끼는 것은 항공기를 소유하는 것이 아니기 때문에 운임을 지불하고 출발지에서 원하는 목적지까지의 공간이동, 탑승 전의 지상서비스, 이동하는 동안 제공받는 기내서비스, 안전운항과 편리한 스케줄이 주는 만족감 등 무형의 가치를 제공받는다고 느끼는 점에서 무형성의 특징을 강하게 갖고 있다고 할 수 있다.

2) 소멸성(Perishability; 消灭性)

서비스의 소멸성은 제품과는 달리 향후 수요에 대비한 저장을 할 수 없다는 것을 의미한다. 만약 옷이나 약품같은 소비재나 가전제품, 가구같은 내구재 등은 오늘 못 팔더라도 재고품으로 저장하여 미래 어느 시점에 판매할 수가 있다. 그러나 오늘 오후 3시에 출발하는 어느 항공사 비행기의 전체 250석 좌석 중에서 오직 100석만 판매하였다면 3시 이후 나머지 150개 빈 좌석의 매출은 영원히 잃어버리고 만다.

서비스의 소멸성은 그 반대상황도 발생시킬 수 있다. 즉 수요가 공급을 초과하게 되는 것이다. 이 경우에는 항공사는 탑승을 원하는 모든 고객들에게 비행기 티켓을 판매할 수 없게 되며, 세계적인 연주자의 음악 연주회나 프로야구 코리안시리즈, 월

드컵축구경기 같은 스포츠이벤트에서도 연주회장이나 운동장의 고객 수용능력 때문에 잠재적인 매출을 잃어버리게 된다.

3) 이질성(Heterogeneity; 异质性)

동일한 고객과 항공사의 거래라도 기업의 경영환경, 국내·외의 정세, 환율과 유가변동, 정부정책 등의 영향과 시간, 요일, 일, 월, 계절별로 거래요건이 다를 수 있다.

항공사 종사원들은 성격, 능력, 솜씨나 훈련의 정도가 다양하기 때문에 동일한 서비스에 차이가 발생하게 되며, 심지어 같은 종업원이 서비스를 제공하더라도 시간에 따라 제공되는 서비스의 차이가 발생한다. 예를 들어, 같은 비행기 객실에서 같은 음료와 서비스를 주문하더라도 승무원이 누구냐에 따라서 고객들이 느끼는 서비스 품질은 달라지게 된다.

4) 생산과 소비의 동시성(Inseparability; 生产和消费的同时性)

항공서비스는 생산과 소비가 동시에 이루어진다. 고객이 예약을 하고 운임을 지불하는 순간 계약은 시작되며 항공기 이용을 위해 고객이 공항에 show-up하는 순간 항공사의 생산과 고객의 소비가 이루어지기 시작한다.

서비스는 제공되는 순간과 동시에 소비되어져야 하기 때문에 서비스의 품질은 서비스 제공자의 능력뿐만 아니라 서비스 제공자와 고객과의 상호작용의 질에 따라 상당히 달라질 수가 있다. 따라서 비분리성의 정도가 높은 서비스를 제공하는 기업일수록 인적요소에 대한 관리가 기업 성공에 절대적이라 할 수 있다.

고객의 소비와 상관없이 생산을 실시하는 일반상품과는 다르기 때문에 재고가 없다는 장점도 있지만 소비의 양보다 생산이 많을 때는, 즉 빈좌석으로 운항을 할 때는 이러한 특성으로 인해 손실이 커진다. 따라서 이 같은 항공서비스 특성에 대한 대응전략을 수립하여 추진하여야 한다.

[그림 1-3] 항공운송서비스 특성과 대응전략

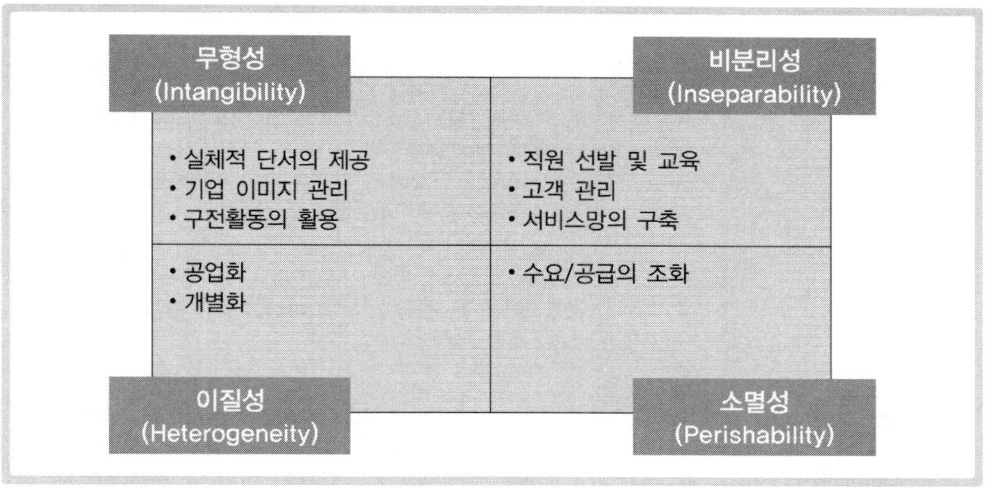

자료 : 이유재(2004), 서비스마케팅, 학현사, p. 20, 수정・보완.

3. 항공서비스의 구성(航空服务的构成)

박승식(2006)에 따르면, 항공서비스는 항공권 판매 및 탑승 전의 지상서비스, 운항서비스, 기내서비스, 부대서비스로 나누어 제공하는 유형재 및 무형재서비스를 시간과 공간에 따라 분류해 볼 수 있다.

1) 지상・운항서비스(地上・航行服务)

지상서비스는 영업, 예약 및 발권이 이루어지는 판매서비스와 고객이 탑승 전 제공받는 탑승수속, 수하물서비스 등 수속서비스로 나누어 볼 수 있다. 안전운항, 편리한 스케줄, 정시운항의 운항서비스와 고객이 가장 긴 시간을 보내며 제공받는 기내서비스, 기본적인 서비스 외의 여러 가지 항공사의 부수적인 서비스를 부가서비스로 분류해 볼 수 있다.

[그림 1-4] 항공서비스의 구성

판매 및 수속 서비스	예약의 편리성, 예약확인의 신속성, 예약변경의 용이성, 예약 담당 직원의 정보제공 능력, 전화응답 신속성, 선호좌석 선택 편리성, 유용한 마일리지 프로그램, 인터넷을 통한 예약 및 발권, 예약·발권 직원의 친절성, 신속 정확한 탑승 수속, 수하물 처리의 신속 정확성, 전광판 안내시설, 정확한 공항 탑승수속, 공항에서의 대기 시간, 공항직원의 친절, 도심터미널 탑승수속 등
운항 서비스	정시성(정확한 출발 및 도착), 편리한 환승 절차, 편리한 운항스케줄, 다양한 운항노선 보유, 운항 안전성, 비정상 운항 발생 시 신속한 불만·불평 사항 처리 등
기내 서비스	객실승무원의 친절성, 다양한 식음료서비스, 객실승무원의 언어 구사능력, 편안한 좌석, 기내오락물의 다양성, 개인용품 제공서비스, 기내청결도 및 분위기
부가 서비스	장애자서비스, 다양한 추가서비스(렌터카·호텔), 전화 및 팩스사용 가능 여부, 인터넷을 통한 정보 제공, 타 항공사와의 폭 넓은 제휴, 기내 면세품의 다양성 등

자료 : 저자 작성.

2) 운항서비스 흐름(航行服務潮流)

운항서비스는 고객이 항공기를 이용하려는 순간부터 시간의 흐름에 따라 크게 운항 전, 운항 중, 운항 후로 나누어 볼 수 있다. 운항서비스는 고객에게 자사의 항공 스케줄과 운임 등의 정보를 제공하는 시점을 시작으로 고객이 예약과 발권을 함으로써 계약과 동시에 본격적인 생산과 소비가 이루어진다.

운항 전의 운송서비스란 항공권의 예약과 발권, 항공기 이용을 위해 공항에 도착하여 이루어지는 좌석 배정, 수하물서비스 등의 탑승수속서비스, 보안검색 후 항공기 탑승까지의 업무를 말하며, 운항 중의 운송서비스란 기내에 탑승하여 기내에서 제공받는 여러 가지 서비스로 예를 들면, 기내식·음료서비스, 기내 엔터테인먼트, 기내판매, 안전서비스, 기타 승객의 요구해결 등의 서비스를 말한다. 운항 후의 운송서비스는 항공기 도착 후 하기안내, 수하물 인수를 주 내용으로 한다.

[그림 1-5] 운항서비스의 흐름

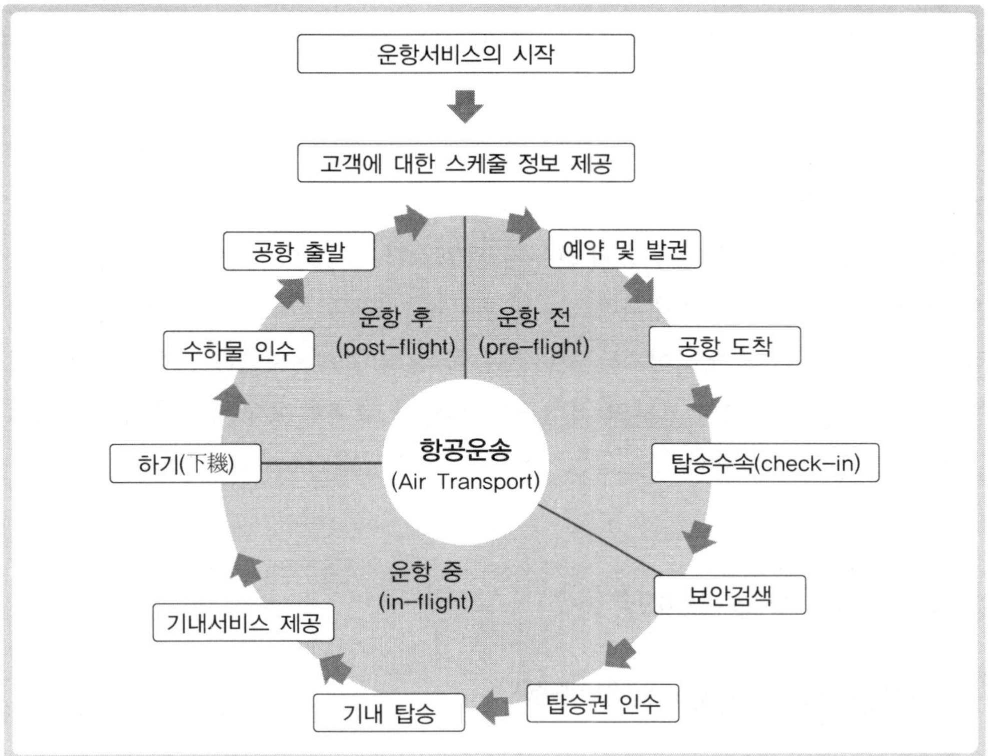

자료 : Thomas Mike L.(1997), Portfolio Management Apporach to Strategic Airline Planning, Peter Lang, Bern, p. 139, 유정윤(2008), 항공사서비스에 대한 외부평가가 항공사 선택과 고객의 서비스기대에 미치는 영향에 관한 연구, 한국항공대학교 항공산업·경영대학원 석사학위논문, p. 10에서 재인용.

제2절 항공사 기내서비스(航空公司机舱服务)

1. 기내서비스의 개념(机舱服务的概念)

항공사의 기내서비스 업무는 기내에서 승객들에게 제공되는 물적, 인적서비스를 말하며, 물적(hardware)서비스 업무란 기내에서 필요로 하는 각종 시설물과 서비스 기내에 장착 또는 탑재하여 승객들에게 편의를 제공하는 것을 말한다.

인적서비스 승객들이 보다 안전하고 쾌적하게 여행할 수 있도록 객실승무원에 의해 수행되어지는 업무를 말하며, 두 가지 서비스가 시너지(synergy) 효과를 낼 수 있도록 설계하고 기획하는 것이 중요하다.

항공사 서비스의 초점은 기내서비스에 초점(focus)이 맞춰진다. 오늘날 기내서비스는 승객이 항공사를 선택하는데 우선적으로 고려하는 가장 중요한 요인 중 하나이다. 생활수준 향상에 따라 승객 요구가 다양화되고 증대될수록 기내서비스 향상도 크게 자극을 받는다. 기내서비스는 항공운송서비스의 한 부분이다. 이경식(2004)에 따르면, 비행 중에 행하여지는 서비스는 물적 서비스에 치중하는 것이 보통이었으나, 최근에는 인간적인 부문의 서비스 등 다양한 고객의 욕구에 맞추어 인적서비스가 점차 강조되고 있다.

2. 기내서비스 유형(机舱服务类型)

1) 물적(hardware) 서비스(物质服务)

물적 서비스란, 고객이 여행 목적을 달성하는 동안에 이용하거나 제공받게 되는 각종의 시설 및 장비들이다. 항공기 좌석, 식음료, 독서물, 기내 영화 및 음악, 오락기구 등을 말한다. 대부분의 항공사들이 제공하는 하드웨어는 차이가 없을 정도로 흡사하였다. 최근 경쟁이 과열되면서 새로운 아이디어로 서비스의 차별화 및 고급화 전략으로 고객유치 움직임이 활발하다.

가. 항공기(Aircraft; 飞机)

항공기는 항공사를 상징하는 가장 대표적인 것으로서 항공사의 전체적인 이미지에 결정적인 영향을 미칠 뿐만 아니라 기내서비스에도 가장 중요한 부분을 차지한다. 일반적으로 승객들은 대형기를 선호할 뿐만 아니라 첨단시설을 갖춘 신형 비행기를 좋아한다.

나. 좌석(Seat; 座席)

항공기 좌석은 고객서비스에 큰 영향을 미친다. 항공사의 기종 및 객실 등급에 따라 좌석의 간격 및 디자인, 기능 등이 다소 달라진다. 항공사들은 승객에게 보다 나은 평안함을 주기 위해 좌석의 사양과 디자인을 중시한다.

다. 기내식(舱内用餐)

기내식이란, 비행 중에 승객들뿐만 아니라 승무원에게 제공되어지는 음식이다. 출발 전에 기내에 탑재 보관된 것을 객실승무원에 의해 서비스 기준 및 절차에 따라 승객에게 제공된다.

라. IFE(In-fight Entertainment)

IFE란, 승객에게 기내라는 제한된 공간에서 눈과 귀로 즐기고 접할 수 있는 모든 엔터테인먼트 항목을 일컫는다. IFE는 승객들에게 목적지까지 항공사의 브랜드를 자연스럽게 표현하고 다른 항공사와 차별화된 서비스를 전달할 수 있으며, 이를 통해 고객들의 기억에 좋은 느낌을 갖도록 한다는 점에서 기내서비스의 중요한 부분을 차지하고 있다.

마. 독서물서비스(读物服务)

독서물서비스란, 기내라는 한정된 공간에서 고객에게 읽을거리를 제공하는 것이다. 여행의 즐거움을 배가하고 여행기간 내에 다소 느낄 수 있는 지루함을 감소시킬 수 있도록 승객에게 제공하는 신문, 잡지를 서비스한다.

바. 음료서비스(饮料服务)

음료는 기내식과 마찬가지로 승객에게 즐거움을 주는 중요한 물적 요소 중 하나이다. 일반적으로 맥주, 위스키, 진, 보드카, 꼬냑, 칵테일 등과 같은 alcoholic 음료와 커피, 차, 주스, 탄산음료 등의 non-alcoholic으로 나뉜다.

2) 인적(Humanware)서비스(人员服务)

서비스의 품질은 종사자가 어떠한 태도와 방법으로 서비스를 제공하는가에 따라 최종적인 고객만족에 밀접한 영향을 미친다고 할 수 있다. 객실 승무원은 고객이 목적지까지 안전하고 쾌적하게 도착할 수 있도록 이를 실행하는 중요한 역할을 맡고 있다. 그러므로 승무원의 자질, 태도, 예절, 용모, 기술, 지식, 대화법, 의사소통능력 등 다양한 면에서 뛰어난 면모가 요구된다.

가. 승무원의 대고객 서비스 태도(乘务员对顾客的服务态度)

객실 승무원의 서비스 태도는 항공사의 고객 만족도를 결정짓는다. 따라서 승무원들은 회사에서 정해진 교육훈련 체계에 따라 업무수행과 관련된 전문지식을 포함하여 서비스기술, 인사법, 대화법, 승객에 대한 호칭법 등을 반복훈련을 습득하여 최상의 서비스를 제공하여야 한다.

나. 외국어 서비스(外国语服务)

객실 승무원의 외국어 구사능력은 항공사의 고객만족도를 결정짓는데 큰 영향을 미친다.

다. 객실 승무원의 이미지 메이킹(客舱乘务员的形象塑造)

객실 승무원은 항공사 이미지 창출 요소이며, 그 자체로서 항공사의 이미지를 전달한다. 승객에게 보여지는 비주얼서비스는 항공사의 서비스 품질과 깊은 연관이 있다. 객실 승무원의 이미지를 구성하는 요소로서 메이크업, 헤어스타일, 걸음걸이, 복장, 인사법 등이 있다.

라. 기내방송(舱内广播)

기내방송은 항공여행 중 기내에서 발생하는 모든 상황에 대한 정보를 적시에 정확하게 전달하여 궁극적으로 안전하고 편안한 여행을 제공하는데 목적이 있다. 따라서 정해진 절차와 시간에 따라 비행관련 정보 및 서비스에 대해 정확한 내용을 전달해야 한다. 또한 만일의 비상상태 및 위급한 상황 발생 시에는 정확하고 효율적인 통제와 안내방송을 통하여 승객의 안전을 도모한다.

마. 객실승무원의 퍼포먼스(客舱乘务员的演出(performance))

항공사서비스 경쟁이 치열해짐에 따라 차별화가 어려워지고 있다. 이에 인적서비스 요인을 강화하여 객실승무원의 특기 및 장기를 활용한 퍼포먼스를 활용한다. 국내 A항공사의 경우 기내에서 마술 및 악기 연주를 서비스하고 있으며, 또한 기내에서 유니폼 및 각국의 전통의상을 활용하여 패션쇼를 실시하고 있다.

제1장

항공서비스의 이해 요약
(对航空服务理解的概括说明)

항공서비스는 항공기 속도의 빠른 시간에 인간이나 재화(財貨)를 한 장소에서 다른 장소로 이동시키는 것이다. 항공서비스는 인간에게 좌석과 무형의 상품인 인적서비스를 제공하며, 재화에게는 화물칸을 제공하여 유형의 상품을 출발지로부터 목적지까지 수송에 관련된 항공운송의 모든 서비스를 제공하는 것이다.

항공서비스는 항공기라는 유형재의 이용과 함께 무형의 서비스로 구성되어 있다. 특히, 무형의 서비스산업 특성을 강하게 갖고 있어 서비스산업과 유사한 특성을 가지고 있다.

항공사의 기내서비스 업무는 기내에서 승객들에게 제공되는 인적, 물적 서비스를 말한다. 인적(Humanware)서비스는 승무원의 대고객서비스 태도, 외국어서비스, 객실승무원의 이미지메이킹, 기내방송, 객실승무원의 퍼포먼스 등이 있다. 물적(hardware)서비스로는 항공기(aircraft), 좌석(seat), 기내식, IFE(In-fight Entertainment), 독서물서비스, 음료서비스 등이 있다.

航空服务是飞机在快速的时间内将人或者财物从一个场所移动到另一个场所。航空服务是为人提供座席和无形商品—人力服务、为财物提供货物厢、将有形的商品从出发地输送到目的地的相关航空运送的全部服务。

航空服务由提供叫做飞机的有形财物和无形服务组成。特别是具备很强的无形服务产业的特性，和服务产业性质相似。航空公司的舱内服务业务是指在舱内向乘客提供的人员和物质服务。人员(Humanware)服务是指乘务员对顾客的服务态度、外国语服务、客舱乘务员的形象塑造、舱内广播、客舱乘务员的演出(performance)等。物质(hardware)服务有飞机(aircraft)、座席(seat)、舱内用餐、IFE(In-fight Entertainment)、读物服务和饮料服务等。

Chapter 02

직무관리(职务管理)

Chapter 02 직무관리(职务管理)

제1절 직무의 이해(职务的理解)

1. 항공사의 직무(航空公司的职务)

항공사의 경영활동은 종업원이 수행하는 '일'들의 집합체이다. 종업원이 각각의 일들을 얼마나 성공적으로 수행하는가에 따라 항공사의 성과는 달라지게 된다. 비행기를 타기 위해 대기 중인 고객에게 좌석을 배정하는 일, 탑승 후 기내에서 식음료를 서비스하는 일 등이 모여 경영활동을 이루며, 이 일을 수행하는 지상직 직원과 객실승무원이 각각의 '일'을 얼마나 잘 수행하는가에 따라 항공사의 경영성과가 달라질 수 있다.

따라서 직무관리란, 직무를 체계적으로 정비하며 그에 적합한 인력을 모집 · 선발하고 각자의 직무에 합당한 대우를 받게 하며, 종업원들이 자신의 직무에 대해 만족하고 보람을 느낄 수 있도록 직무를 설계하여 운영하는 것을 말한다.

[그림 2-1] 직무관련 용어체계

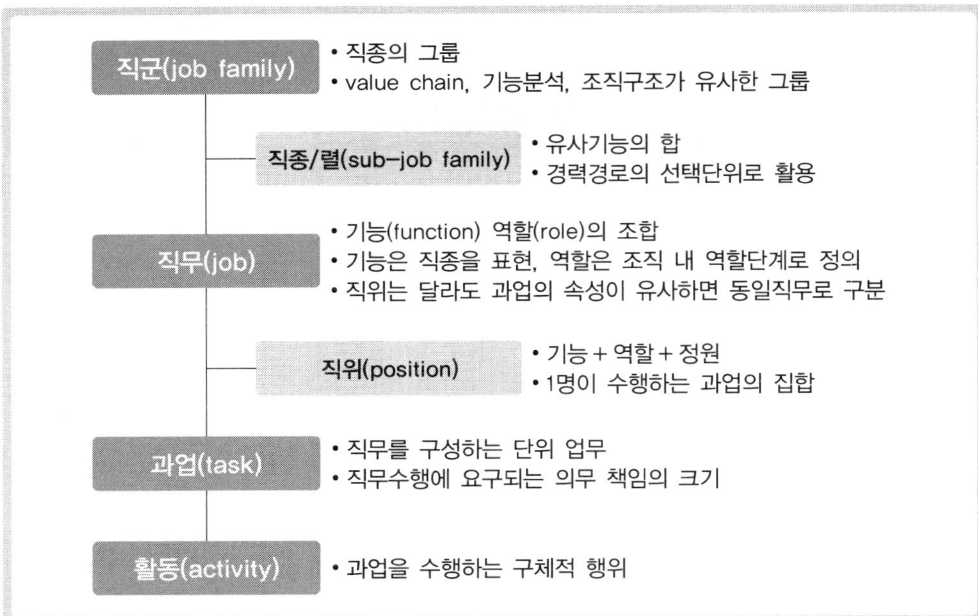

자료 : 박해룡(2008), Strategic Human Resource Management, 한국생산성본부, p. 7.

2. 직무관리와 사람관리(职务管理和人员管理)

항공사는 직무에 대한 체계적이고 합리적인 관리를 기반으로 사람에 대한 바람직한 관리를 하게 된다. 사람관리는 인적자원 확보, 인적자원 개발 · 유지, 인적자원 보상 및 인적자원 방출로 구분할 수 있다.

인적자원 확보는 직무수행에 필요한 인적자원을 계획하고 모집 · 선발하는 과정이다.

인적자원 개발 · 유지는 교육 · 훈련, 전환배치, 승진 등을 통해 확보된 인적자원의 능력과 성과창출의지 등을 최대한으로 개발하고, 이를 지속적으로 유지하는 관리활동이다.

인적자원 보상은 종업원이 노동력을 제공한 대가로 기업이 종업원에게 경제적 · 비경제적 보상을 제공하는 활동이다. 각 종업원에게 지급되는 보상의 크기를 결정하기 위해서는 종업원 공헌의 정도는 물론 각 종업원이 수행한 직무의 가치에 대한 평가(직무평가)가 선행되어야 한다.

인적자원 방출 중 이직은 종업원과 기업의 관계가 종료되어 종업원이 기업을 떠나는 과정이다. 항공사는 부정적인 이직을 막고 경영성과를 제고하기 위해서는 합리적이고 체계적인 직무분석과 직무평가, 직무설계 등의 직무관리가 요구된다.

[그림 2-2] 직무관리와 사람관리의 관계

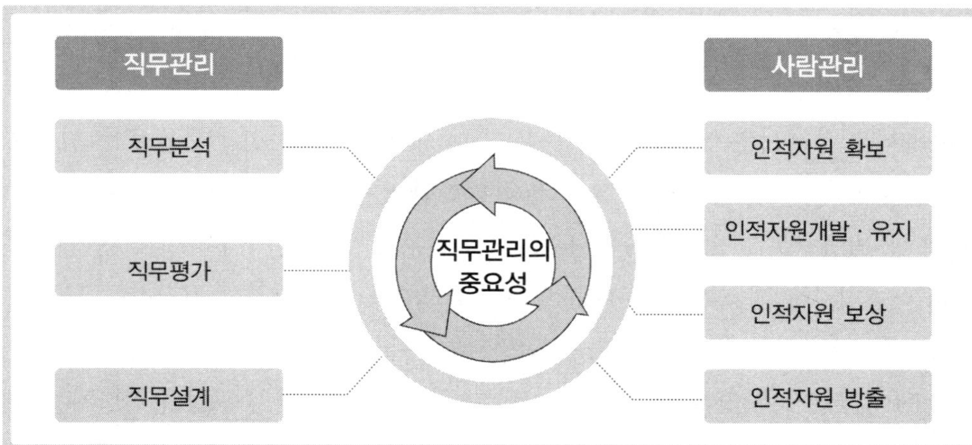

자료 : 함봉수 · 강상묵(2009), 서비스기업 인적자원관리, 백산출판사, p. 51.

제2절 직무의 분석, 기술, 명세(职务的分析、记述、明细)

1. 직무의 분석과 관리(职务的分析和管理)

직무분석은 인사관리의 출발점으로서, 종업원의 채용, 배치, 이동, 승진, 승급 등 인사관리활동의 효율적 수행에 필요한 직무의 정보자료를 수집하는 과정이라고 할 수 있다.

[그림 2-3] 직무분석의 개념

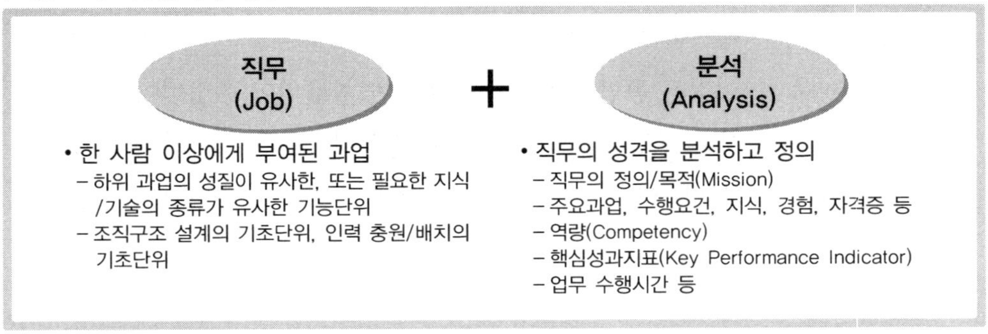

자료 : 저자 작성.

따라서 직무분석은 어떤 직무의 내용 또는 요구조건을 사실적인 자료를 기초로 정리 · 분석하여 개별직무의 성질에 가장 적합한 인력을 조직 내에서 유효하게 확보, 육성, 활용하는 기술이다. 즉 직무분석은 직무가 특정 부서에서 현재 어떠한 상태로, 어떠한 특징과 의미를 지니고 있는가를 명확하게 파악하고 기술하는 것이다.

직무관리는 사람과 직무의 연결을 올바르게 하는 것이다. 직무와 사람을 연결짓기 전에 직무를 파악하는 것이 직무분석이며, 직무 상호간의 중요성을 판단하는 것이 직무평가이며, 평가된 직무에 따라 수행할 사람을 배정하는 계획이 직무설계이며, 일련의 이들 과정이 유기적으로 연결되어 있어야 한다.

[그림 2-4] 직무관리의 구성요소

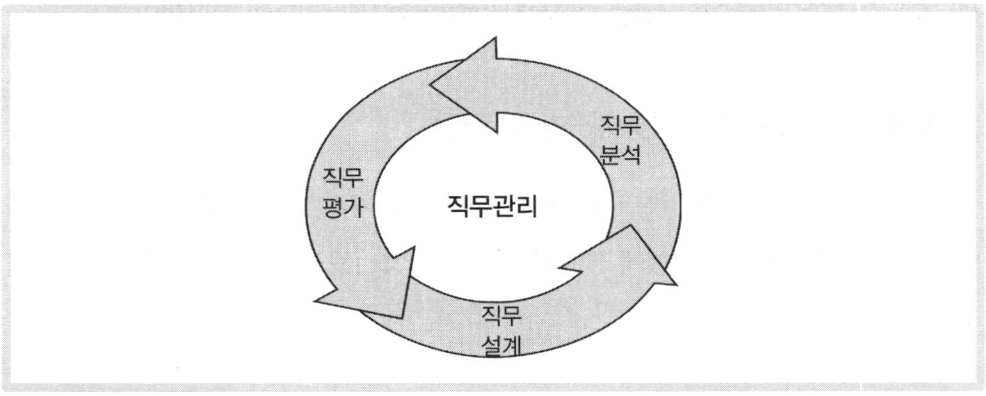

자료 : 이수광 · 이재섭(2003), 서비스산업의 인적자원관리, 대왕사, p. 109, 수정 · 보완.

2. 직무분석의 목적(职务分析的目的)

인적자원관리란, 조직이 필요로 하는 인력을 확보, 보상, 평가, 개발, 유지하는 과정이다. 이는 어떤 특정조직에서 개인과 조직 또는 사람과 일의 관계가 서로 과부족이 없도록 관리하는 것이다. 따라서 합리적인 인적자원관리를 위해서는 사람과 직무와의 관계를 구체적이고 명확하게 밝혀야만 한다. 즉 직무분석은 인적자원관리의 기초가 되는 방법을 제시해 주는 것으로서, 합리적 인적자원관리의 출발점이 된다. 이와 같이 인적자원관리의 합리적이고 과학적인 기초로서 직무분석은 구체적으로는 다음과 같은 목적을 가지고 있다.

1) 직무권한의 명확화와 합리적인 조직의 확립(职务权限的明确化和合理组织的确立)

조직의 운영을 계획적이고 능률적으로 수행하기 위해서는 먼저 인적자원에 대한 업무의 배분을 적절히 하고, 그 해당된 업무의 절차, 책임을 명확하게 해두지 않으면 안 된다. 즉 직무분석을 통해 직무권한의 명확화와 합리적인 조직의 확립이 필요하다.

2) 채용, 배치, 이동, 승진 등의 기준(录用、安排、移动、晋升等基准)

조직의 각 직무에 필요로 하는 자질과 요건을 갖춘 자를 발굴하기 위해서 직무분석이 필요하다. 근로자를 채용할 때에는 막연히 좋은 사람을 채용하는 것이 아니라 어떤 직무, 즉 객실승무원 또는 운항승무원으로서 적합한 소질을 지니고 있는가를 기준으로 채용하여야 할 것이다. 인적자원의 배치, 이동, 승진의 경우에도 이 점은 마찬가지이다. 즉 종업원이 배치, 이동, 승진 후에 직무를 수행하는 데 적합한 능력이나 경험 등을 갖추고 있는지 판단하려면, 먼저 그 직무가 요구하는 능력이나 수행요건을 명확히 할 필요가 있다.

3) 직무평가와 평가시스템의 기초(职务评价和评价系统的基础)

직무평가나 인사평가를 합리적으로 실시하려면 맡은 직무를 어느 정도 수행하였는지, 그 직무에 필요한 지식 · 경험 · 기술을 어느 정도 가지고 있는지, 부여된 책임을 어느 정도 수행하였는지를 구체적으로 평가할 필요가 있다.

4) 교육 훈련 및 능력개발의 기준(教育训练及开发能力的基准)

교육 · 훈련의 목적은 직장에서 각 개인이 현재 담당하고 있는 직무나 장래 담당 예정인 직무를 보다 원활하게 수행할 수 있도록 하는 데 있다. 즉 현재 근로자가 보유하고 있는 직무를 중심으로 교육훈련을 계획하고 실시해야 효과가 있다.

5) 조직 · 직무 재설계(组织 · 职务再设计)

기업은 규칙적인 직무분석을 통하여 변화하는 환경에 맞추어 통합 또는 분리해야 하는 직무를 선별함으로써 지속적으로 업무의 효율화를 높이는 과정이 필요하다.

6) 안전관리 및 작업조건의 개선(安全管理及工作条件的改善)

기업이 생산성을 지속적으로 향상시켜 나가기 위해서는 인적자원의 안전과 후생관리를 위해 꾸준한 노력을 지속해야 한다. 직무분석을 통하여 각 직무가 지니는 위험성과 정도, 작업환경의 유해성과 노동의 강도, 직업병의 유무 등을 파악하여 이를 사전에 관리할 뿐 아니라 그에 상응한 수준의 대우를 보장할 수도 있다.

7) 직무급의 도입 등 임금관리의 합리화(职务工资的引进等工资管理的合理化)

직무평가의 결과는 각 직무의 가치등급별 임금체계인 직무급의 결정 자료로 활용되고, 성과급과 상여금 산정 등 임금관리의 합리화를 위한 자료로 활용된다.

3. 직무분석의 절차(职务分析的程序)

1) 구체적인 목적설정(具体的目的制定)

직무분석에는 다양한 목적이 있을 수 있는데, 이 단계에서는 직무분석을 수행하는 개별적인 목적을 명확히 하는 과정이다. 직무분석의 구체적인 목적에 따라 적절한 방법, 직무분석대상, 직무분석범위, 필요정보의 내용 및 수집방법 등이 달라질 수 있기 때문이다.

2) 분석대상 직무의 선정(分析对象职务的选定)

인적자원 확보를 위한 직무분석의 경우 충원되어야 할 직무가 분석대상자로 선정되며, 인적자원 보상을 위한 직무분석인 경우에는 기업 내 모든 직무를 대상으로 하는 것이 일반적이다.

3) 자료의 수집(资料的收集)

자료수집 단계는 다양한 직무분석방법 중 하나 또는 필요에 따라 여러 개의 직무분석 방법을 선정하여 직무의 내용 및 직무수행자의 자격요건에 관한 자료를 수집하는 과정이다. 자료의 수집방법에는 관찰법, 면접법, 질문지법, 혼합법 등이 있다.

4) 분석 및 처리(分析及处理)

분석 및 처리단계에서는 수집된 정보 중 직무의 내용에 관한 정보는 직무기술서에 직무수행자의 자격요건에 관한 정보는 직무명세서에 정리 · 기록된다. 또한 직무분석을 통해 직무의 내용이나 직무수행자의 자격요건에 변화가 발생할 경우 기존의 직무기술서와 직무명세서에 지속적인 수정 · 보완 작업이 이루어져야 한다.

[그림 2-5] 직무분석의 절차

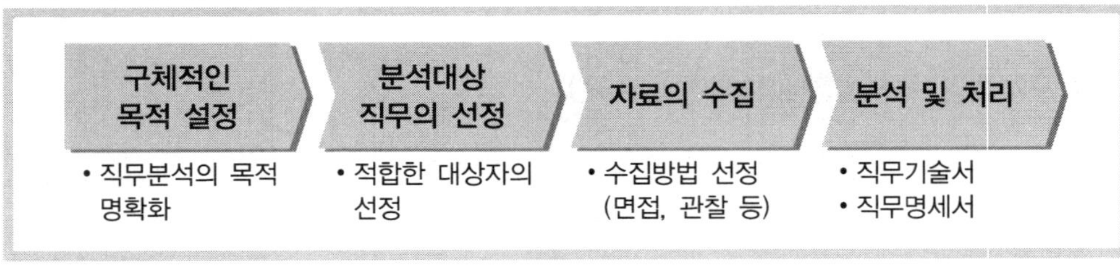

자료 : 저자 작성.

4. 직무정보의 수집방법(职务信息资料的收集方法)

1) 면접법(Interview Method; 面试法)

직무분석원이 분석대상 직무의 담당자를 상대로 개별적 또는 집단적으로 면접을 실시하여 직무의 내용 및 수행요건에 관한 정보자료를 획득하는 방법이다.

종업원들은 개인적으로 혹은 여러 번의 집단 토론을 통하여 면접을 진행할 수 있다. 훈련된 면접자는 직무에서 수행하는 활동이나 직무를 수행하는데 요구되는 기술들을 이해하기 위하여 종업들에게 직접 질문을 한다. 면접법은 다양한 직무들에 광범위하게 적용될 수 있기 때문에 가장 흔히 사용되는 직무분석방법 중 하나이다.

2) 관찰법(Observation Method; 观察法)

관찰법은 직무분석을 시작할 때 직무에 대하여 가장 기초적인 지식을 제공하는 방법으로, 직무분석원이 분석대상의 직무수행자를 직접 관찰하고, 그 결과를 정확히 기록하여 직무정보자료를 수집하는 방법이며, 작업의 내용과 절차가 비교적 표준화되어 있다. 정확한 관찰을 위해서 종업원과 지나치게 근접되어 있으면 그들의 정상적 직무수행을 방해할 가능성이 있고, 지나치게 멀리 있으면 정확한 관찰에 어려움을 겪게 된다. 따라서 관찰자는 작업자의 수행을 방해하지 않고 종업원들이 평소대로 일하는 것을 관찰해야 한다. 따라서 관찰자의 존재를 노출시키지 않고 종업원들을 관찰하기 위해 CCTV와 같은 녹화장비들이 사용되기도 한다.

관찰을 통해 직무에서 종업원들이 행하는 행동과 작업환경에 관하여 생생하게 알 수 있지만, 그러한 행동들이 왜 나타나는지에 관하여는 알 수 없으므로 관찰법은 제한점을 지닌다. 따라서 직무행동이 왜 일어나는지에 관해서는 면접법과 같은 다른 방법에 의해 파악해야 한다.

이러한 단점들 때문에 이 방법은 비교적 광범위하게 통제되는 작업이나 본질적으로 육체적인 노동 혹은 하위사무직이나 고급숙련도를 요구하지 않는 공장작업 같은 곳에 사용되어야 한다.

3) 질문지법(Questionnaire Method; 问卷法)

이 방법은 그 의도나 과정이 진술한 면접법과 같지만, 말로써 얻는 대신 설문지에 답을 쓰거나 과업, 작업조건, 소요재료 등에 관하여 좀 더 상세히 기술하게 함으로써 정보를 얻는 것이 다르다. 즉 직무분석원이 분석대상 직무의 수행자에게 질문지를 배부하고, 그의 직무수행 관련항목에 체크를 하거나 서술하게 하는 방법이다. 이 방법의 장점은 시간과 노력이 많이 절약된다는 것이며, 단점으로는 해석상의 차이로 인한 오류가 발생할 우려가 있으며, 면접법에서 얻을 수 있는 상호간의 친목과 정보의 정확성 · 융통성이 결여된다는 점을 들 수 있다.

4) 혼합법(混合法)

위에서 설명한 여러 방법들이 각각 장점과 단점을 지니고 있기 때문에, 이러한 각각의 방법들이 지니고 있는 장점을 살리고 단점을 배제할 목적으로 두 가지 이상의 기법들을 혼합적으로 사용한다.

[그림 2-6] 대표적인 직무분석의 방법

방법	내용	특징
면접법 (Interview)	• 특정직무에 대해 많은 지식과 경험을 가지고 있는 사람과의 면담을 통해 직무분석 하는 방법	• 직무수행자와 대화를 통해 완전한 정보를 얻을 수 있음 • 시간과 경비가 많이 소요됨
관찰법 (Observation)	• 직무분석자가 직무수행자의 직무활동을 상세히 기록, 관찰하는 방법	• 직무활동을 시간적, 공간적으로 파악 • 지적, 정신적 직무는 파악 어려움 • 시간과 비용이 많이 소요됨
설문지법 (Questionnaires)	• 직무수행자에게 직무내용을 설문지에 서술하게 하는 방법	• 단기간에 다수 대상자에게 실시 가능 • 현실적으로 가장 많이 사용됨 • 사무분야 직무내용 확인 가능 • 시간과 비용이 적게 소요됨

자료 : 박해룡(2008), Strategic Human Resource Management, 한국생산성본부, p. 12.

5. 직무기술서와 직무명세서(职务记述表和职务明细表)

1) 직무기술서(职务记述表)

직무기술서란, 직무의 능률적인 수행을 위해 필요한 직무의 성격, 요구되는 개인의 자질 등 중요한 사항을 기록한 것이며, 목표달성을 위해 가장 효율적으로 쓰일 수 있는 행위를 결정하기 위한 수많은 요소가 고려되고 명시되어 있는 것이 직무기술서이다.

한편 직무기술서는 직무에 관한 정확한 정보를 기술하여야 하므로, 직무기술서의 작성에 유의할 점을 살펴보면, 첫째, 직무기술서는 그 직위의 일을 잘 묘사하여 다른 것에 의존하지 않고도 직무를 명확히 알 수 있도록 해야 하며, 둘째, 직위를 명시함에 있어서, '부문 혹은 관리자에 의해 요망되는'이라는 문장을 사용함으로써 그 일의 범위와 성격을 확실하게 지적하도록 해야 한다. 셋째, 예컨대, 일의 종류, 복접성의 정도, 요구되는 기능의 정도, 문제가 표준화되는 정도, 일의 각 단계에 있어서 작업자의 책임정도, 보고의무의 정도와 종류, '분석한다', '조리한다'와 같은 행동을 나타내는 단어를 사용해야 하며, 넷째, 직위담당자에 의해 감독책임이 어떻게 수행되는가를 명확히 보여 주어야 한다. 다섯째, 단순하고 정확한 표현이 직무기술이 목적을 가장 잘 달성하며, 여섯째, 직무기술이 기본적 요건을 충족하고 있는지 다시 검토하여 새로운 종업원이 그것을 읽고 그 직무를 이해할 수 있는가를 고려해야 한다.

〈표 2-1〉 직무기술서 예시

<table>
<tr><td rowspan="2">직무구분</td><td>직무번호</td><td>직무명</td><td>소속본부</td><td>팀명</td></tr>
<tr><td>10131</td><td>인사관리</td><td>경영지원본부</td><td>인사팀</td></tr>
<tr><td>직무요약</td><td colspan="4">전직원의 인사업무를 경영상의 필요와 규정에 따라 공정하고 효율적으로 수행하여 경영목표달성에 기여한다.</td></tr>
<tr><td rowspan="12">과업내용</td><td>구분</td><td>업무명</td><td colspan="2">업무내용</td></tr>
<tr><td>1</td><td>인사기획</td><td colspan="2">인사제도 문제점 파악, 자료분석, 개선방안 수립</td></tr>
<tr><td>2</td><td>인사제도 개선업무</td><td colspan="2">선진 인사제도에 대한 연구 및 당사에 적용가능성 검토</td></tr>
<tr><td>3</td><td>책임지급 인사관리</td><td colspan="2">이동, 승격, 병가, 휴직자 관리, 인사관련 상담</td></tr>
<tr><td>4</td><td>종합근무 평정</td><td colspan="2">연간 1회 근무평정 및 승격명부 작성</td></tr>
<tr><td>5</td><td>자기신고서 관리</td><td colspan="2">자기신고서 작성 및 입력, 정기 이동시 참고자료 작성</td></tr>
<tr><td>6</td><td>업무지원</td><td colspan="2">본부직원의 영업점 지원</td></tr>
<tr><td>7</td><td>인력동원</td><td colspan="2">대외기관 관련 인력지원(재해복구 등)</td></tr>
<tr><td>8</td><td>인사 MS</td><td colspan="2">발령 및 근태에 관한 전산입력 확인</td></tr>
<tr><td>9</td><td>증명서 관리</td><td colspan="2">경력증명서 발급, 조직기능도표 관리</td></tr>
<tr><td>10</td><td>휴가</td><td colspan="2">휴가관리, 병가관리, 연월차 관리</td></tr>
<tr><td>11</td><td>보상관리</td><td colspan="2">기본급 및 성과급 관리</td></tr>
<tr><td rowspan="4">권한관계</td><td colspan="2" rowspan="3">의사결정권한</td><td colspan="2">인사제도 개선안 발의</td></tr>
<tr><td colspan="2">채용, 이동, 승진, 승격 등의 운영 시행안 발의</td></tr>
<tr><td colspan="2">적정인력 규모의 결정권</td></tr>
<tr><td colspan="2">예산관련권한</td><td colspan="2">인사업무 관련 예산의 기안 및 시행</td></tr>
<tr><td rowspan="2">감독의 범위</td><td colspan="2">보고자</td><td colspan="2">피감독자</td></tr>
<tr><td colspan="2">경영지원본부장</td><td colspan="2">인사팀장 및 팀원</td></tr>
<tr><td>작업환경</td><td colspan="4">대부분이 실내에서 이루어짐</td></tr>
</table>

자료 : 노동부(2007), 직무분석 및 직무평가 가이드북, p. 19.

2) 직무명세서(职务明细表)

직무명세서(job specification)는 직무기술서에 의한 직무와 그에 필요한 자격요건을 개인에 중점을 두어 일정한 양식에 정리하는 것이다. 따라서 이것은 직무기술서에서 유추될 수 있으며, 직접 직무분석의 결과에 근거하여 직무담당자, 직무분석담당자, 관리자의 개인적 판단에 의해 작성될 수 있다.

〈표 2-2〉 직무명세서 예시

<table>
<tr><td rowspan="2">직무구분</td><td colspan="2">직무번호</td><td colspan="2">직무명</td><td colspan="3">소속본부</td><td colspan="3">팀명</td></tr>
<tr><td colspan="2">10131</td><td colspan="2">인사관리 Manager</td><td colspan="3">경영지원본부</td><td colspan="3">인사팀</td></tr>
<tr><td>직무요약</td><td colspan="10">회사의 전반적 인사관리</td></tr>
<tr><td rowspan="12">인적요건</td><td colspan="4">신체적 요건조건</td><td colspan="6">최적연령범위</td></tr>
<tr><td colspan="6" rowspan="2">필요 지식/기술/능력</td><td colspan="4">요구수준</td></tr>
<tr><td colspan="2">상</td><td>중</td><td>하</td></tr>
<tr><td colspan="6">• 인사관리에 대한 기본지식</td><td colspan="2"></td><td></td><td></td></tr>
<tr><td colspan="6">• 해외 채용상담회 파견을 위한 외국어 능력</td><td colspan="2"></td><td></td><td></td></tr>
<tr><td colspan="6">• 조직관리, 관련부문과의 업무협의 및 조정 노력</td><td colspan="2"></td><td></td><td></td></tr>
<tr><td colspan="6">• 원활한 대인관계를 위한 의사소통 능력</td><td colspan="2"></td><td></td><td></td></tr>
<tr><td colspan="6">• 한글, 워드, 파워포인트 및 인터넷 등 PC활용 능력</td><td colspan="2"></td><td></td><td></td></tr>
<tr><td colspan="6">• ....</td><td colspan="2"></td><td></td><td></td></tr>
<tr><td colspan="6">정상적 직무수행을 위한 소요기간</td><td colspan="4">6개월</td></tr>
<tr><td>최소학력</td><td colspan="2">대졸</td><td colspan="2">전공</td><td colspan="5">상경, 법정 및 어문계열, 기타 인문계열</td></tr>
<tr><td>필요자격/면허</td><td colspan="2">없음</td><td colspan="2">권장 자격/면허</td><td colspan="5">공인노무사</td></tr>
</table>

자료 : 노동부(2007), 직무분석 및 직무평가 가이드북, p. 20.

이러한 직무기술서와 직무명세서의 차이를 살펴보면, 직무기술서는 분석대상 직무의 확인사항 및 직무내용과 수행요건에 관한 전반적 분석결과를 정리하여 작성한 직무정보자료인데 비하여, 직무명세서는 특히 분석대상 직무의 수행과 관련하여 요구되는 인적요건과 작업조건에 관한 분석결과를 중심으로 작성한 직무정보자료라는 점에서 양자의 차이가 있다.

제3절 직무의 평가 및 설계(职务的评审及计划)

1. 직무평가의 이해(职务评审的理解)

직무평가(job evaluation)는 직무의 분석결과에 나타난 정보자료를 중심으로 각 직무의 중요성, 복잡성, 난이도, 위험성, 책임성 등을 종합적으로 평가하여 각 직무의 상대적 가치를 결정하고 등급을 분류하는 과정이며, 직무의 등급결정과 서열의 분류가 가능하고, 임금의 공정성 확보가 용이하며, 인사처우의 공정성을 높이고, 교육훈련과 능력개발의 촉진에 기여한다.

직무평가는 기업 외부와의 비교보다는 기업 내의 비교를 1차 목적으로 한다. 이는 서로 다른 두 회사에 같은 직무가 존재하더라도 그 회사의 중점 가치나 전략적 방향성에 따라 직무평가의 결과는 다를 수 있기 때문이다.

2. 직무평가의 활용(职务评审的活用)

직무평가의 기본적인 목적은 기본급, 직무급, 직무수당 등의 임금을 합리적으로 결정하고, 직계제를 확립하는 기초자료를 얻기 위한 것이다. 그러나 직무평가는 임금결정의 참고자료를 얻는 것이지 전적으로 직무평가의 결과에 의해서만 임금을 결정할 수는 없으며 직무평가의 활용은 다음과 같이 이루어진다.

첫째, '평가 및 보상기준의 명확화'이다. 직무가치를 반영하여 임금체계를 구축함으로써 급여의 형평성을 향상시킨다. 또한 직무가치의 높고 낮음에 대한 회사의 기준은 곧 보상해야 할 성과의 기준을 제시하는 것이기도 하다. 둘째, '직무관리기준의 명확화'이다. 경영전략, 조직 · 개인의 핵심역량 등에 대해 회사의 요구방안에 따라 직무가치를 수립하여 조직구성원이 추구해야 할 가치를 명확히 할 수 있다. 셋째, '근로자의 경력개발'이다. 직무가치의 산정을 통해 종업원으로 하여금 낮은 가치의 직무에서 높은 가치의 직무로 이동할 수 있도록 경력경로 및 역량개발을 제공할 수 있다.

3. 직무평가의 방법(职务评审的方法)

직무평가는 직무분석 결과를 토대로 이루어지므로 직무분석 작업을 수행한 담당팀 및 내부 전문가들이 직무평가를 담당하는 것이 바람직하다. 직무평가는 크게 종합적 방법과 분석적 방법으로 구분된다. 종합적인 직무평가방법은 평가대상 직무에 대한 포괄적인 판단에 의해 직무의 가치를 결정하는 방법으로 서열법과 분류법이 이에 해당하며, 분석적 직무평가방법은 평가대상 직무를 직무의 요소 혹은 조건으로 세분화하고, 이를 계량적으로 평가하는 방법이며, 직무의 가치를 판단하는 방법으로 점수법과 요소비교법이 있다.

직무평가 요소란, 직무의 서열이나 점수를 부여하는 기준으로서 회사에서 중요하게 여기는 가치가 반영되고 직무 간 가치의 차이에 대해 회사가 차별적인 보상을 하고자 하는 의지가 있는 요소를 선정해야 한다.

직무평가 요소는 일반적으로 Input-Throughput-Output의 3가지 구분에 따라 분류할 수 있으며 세부적으로 숙련도(skill), 노력(effort), 책임(responsibility), 직무환경(working condition) 등의 요소들로 구성된다.

[그림 2-7] 직무평가의 방법

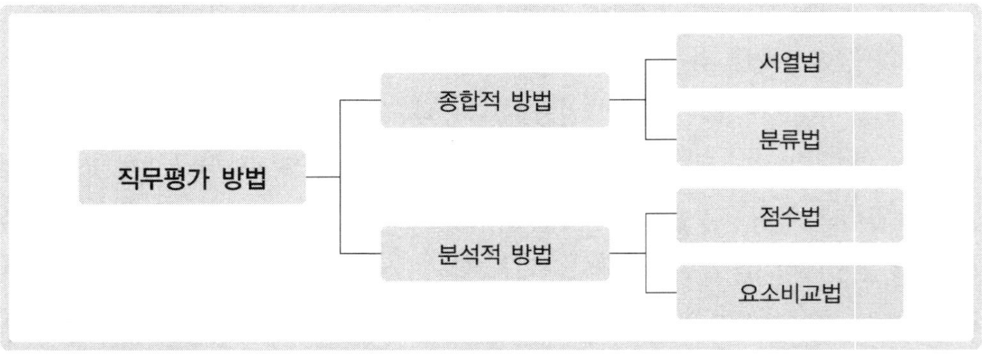

자료 : 이수광 · 이재섭(2003), 서비스산업의 인적자원관리, 대왕사, p. 136.

1) 서열법(排名法)

가장 오래되고 간단한 방법으로 직무의 복잡성 또는 직무의 중요도 등 조직에 대한 일반적인 가치를 기준으로 직무의 서열을 매기는 방법이다. 수행하기 쉽고 비용이 많이 소요되지 않으나, 기준이 매우 자의적이며 선입견이 개입될 수 있다. 또한 기업의 규모가 크고 직무의 수가 많을 경우에는 모든 직무에 대한 서열을 매기기 어려운 단점이 있다.

2) 분류법(分类法)

분류법은 사전에 미리 결정된 등급에 따라 각 직무를 적절히 판단하여 해당등급에 맞추어 넣는 평가방법이다. 이 때 분류는 평가하려는 직무를 수와 복잡성에 따라 상 · 중 · 하와 같은 등급으로 간단하게 정할 수도 있고 더 세분하여 정할 수도 있다.

단점으로는 사전에 등급을 만드는 일이 쉽지 않고, 특정한 직무가 해당 등급에 적합하지 않음에도 불구하고 강제적으로 끼워 맞추기 식의 결과가 나올 가능성이 있다.

3) 점수법(分数法)

점수법은 직무를 평가하는 방법으로서 직무평가방법 중 가장 많이 사용되는 방법으로 직무의 가치를 점수로 나타내어 평가하는 방법으로서 먼저 평가요소를 선정하고, 각 평가요소에 적당한 수의 단계를 설정하여 각 단계에 점수를 배분한다.

점수법은 평가척도의 산정이 용이하고 다양한 항목에 대한 평가가 가능하다는 점, 평가결과에 대해 높은 신뢰성을 가질 수 있다는 점에서 장점이 있다. 그러나 단점이라면 모든 직무에 정확하게 적용시킬 수 있는 점수배정이 어렵고, 개발하는데 시간과 경비가 많이 소요되는 점을 들 수 있다.

〈표 2-3〉 점수법 예시

평가요소	기술			
세부요소	경험			
세부요소 정의	이 요소는 업무와 관련해서 정상적인 감독 하에 개인이 만족할만한 업무성과 수준을 도출하기 위해 정상적으로 요구되는 업무와 업무관련 교육의 기산을 의미함			
등급	1급(100점)	2급(150점)	3급(200점)	4급(250점)
	3개월 이상	3개월 이상 12개월 이하	12개월 이상 3년 미만	3년 이상

평가요소	가중치	할당점수
기술	25%	250
책임	20%	200
지식	20%	200
작업환경	15%	150
육체적/정신적 노력	20%	200

직무명	현황관리
기술	62.5
책임	40
지식	40
환경	22.5
노력	40
총점	205
등급	J4

자료 : 노동부(2007), 직무분석 및 직무평가 가이드북, p. 82.

4) 요소비교법(因素比較法)

조직 내 핵심이 되는 몇 개의 직무를 대상으로, 조직 내에서 중요하게 여겨지는 가치들을 근거하여 사전에 평가요소를 선정하고, 각 평가요소마다 직무들의 상대적인 가치를 비교함으로써 서열을 정하는 방법이다.

요소비교법은 비교적 신뢰도가 높으며 구성요소들이 특정회사의 실정을 반영하도록 조절할 수 있으며, 척도의 사용이 용이하고 커뮤니케이션하기가 편리하다. 그러나 기준직무를 정하는 것이 어렵고 기준직무가 선정되더라도 평가요소별 임금액을 배분하는 것이 쉽지 않으며, 새로운 직무가 생기거나 내용이 바뀔 때마다 다른 직무들과 각 요소별로 비교를 다시 해야 하는 어려움이 있다.

〈표 2-4〉 요소비교법 예시

요소등급	교육	경험	책임	작업환경
4	Actuary		비서	융자영업
3	비서	비서		IT지원운용
2		융자기획		비서
1	융자지원	비상기획	의무관리	
비서		요소등급	가중치	총합
평가요소	교육	3	0.3	0.9
	경험	3	0.4	1.2
	책임	4	0.2	0.8
	작업환경	2	0.1	0.2
			합계	3.1

자료 : 노동부(2007), 직무분석 및 직무평가 가이드북, p. 79.

4. 직무설계의 이해(职务计划的理解)

직무설계(job design)란, '어떻게 직무의 내용과 수행방법을 설계하는 것이 보다 항공사의 목적달성에 효과적일 것인가'의 문제를 다루고 있다. 다시 말해, 직무를 수행하는 종업원에게 직무에 대한 의미와 만족을 주어 조직의 목표를 보다 효율적으로 수행할 수 있도록 직무의 내용과 직무수행방법을 설계하는 활동이다. 즉 항공사 내 각 직무의 분석, 평가를 통한 직무의 합리적 편성과정으로서, 산업의 고도화 및 직무의 다양화와 노동형태의 변화에 따른 종업원의 직무불만족 해소 및 소외감의 극복을 위해 제기된 직무수행의 변화과정이다.

직무분석이 기존의 직무를 그대로 분석함으로써 항공사의 인적자원관리를 위한 정보 수집을 목적으로 하는 반면, 직무설계는 기계적 · 구조적 관점뿐만 아니라 동기부여(motivation) 관점에서 직무의 내용과 수행방법을 개선하고 직무효율성(job efficiency)을 높이기 위한 목적으로 실시되므로 직무재설계(job redesign)의 의미를 지닌다.

5. 직무설계의 목적(职务计划的目的)

직무설계는 모든 조직의 종업원들에게 직무에 대한 의미부여와 직무만족을 느낄 수 있도록 하여 동기부여(motivation)를 통한 생산성을 향상에 그 목적이 있다. 그러나 경영자는 생산성과 직무만족의 영역 중에서 생산성 향상에 초점을 맞추기보다 동기부여를 통한 직무만족에 초점을 맞춰야 한다. 왜냐하면, 기업의 목표달성을 위한 과정에 실제로 참여하는 종업원의 동기부여 없이는 목표달성이 불가능하기 때문이다. 직무설계를 실시하는 목적은 다음과 같다.

1) 재화와 용역의 양과 질 개선(财货和劳务的量、质改善)

항공사가 생산하는 재화나 무형의 서비스를 우수한 품질을 갖추고 보다 많은 생산을 하는 것이 직무설계의 중요한 목적이다. 그러나 단지 양적인 측면에서 생산의 증가만을 직무설계의 목적으로 하지 않고 재화와 서비스의 질을 개선하는 것을 그의 중요한 목적으로 삼는다.

2) 구성원 동기(Motivation)의 향상(成员动机的提高)

직무설계는 종업원의 동기부여 및 향상에 목적이 있다. 관리자는 종업원의 직무에 대한 비관이나 직무회피, 무력감 등을 파악했다면 조직 내 직무에 대한 재설계를 통하여 직무를 개선함으로써 직무불만족을 감소시키고, 아울러 사기를 향상시키는 활동이 필요하다.

3) 생산성 향상(生产率提高)

생산성이란, 인적자원과 물적자원의 효율적 활용의 측정결과이다. 다시 말해, 생산성이란 일에 대한 능률을 뜻하는 것으로서 산출과 투입을 동시에 고려하는 개념이다. 따라서 직무설계는 근로자의 동기향상과 동시에 그 결과로서 나타나는 인적자원의 효율적인 이용을 목적으로 한다고 할 수 있다.

4) 신기술에의 신속한 적용(新技术的迅速适用)

대부분의 직무설계는 작업방법의 변화와 관계되어 있다. 따라서 기술변화나 새로운 공정을 도입할 경우에는 새로운 기능을 활용할 수 있는 교육을 통하여 새로운 기술과 공정에 적응할 수 있는 조건을 충족시킬 수 있는 수단을 제공한다.

5) 원가절감(节约成本)

원가절감은 생산성 향상과 재화 및 서비스의 질의 개선을 통한 결과로서 나타난다. 즉 해당직무와 작업과정, 작업환경 등을 분석함으로써 불필요한 설비, 공정 및 직무를 제거하고 개선하여, 직무수행의 효율성과 능률성을 증대시켜 보다 합리적으로 직무를 수행할 수 있게 된다. 그 결과 불필요한 비용을 감소시킬 수 있는 것이다.

6) 이직과 훈련비용의 감소(调职和训练费用减少)

직무만족은 동기부여와 생산성 향상에 영향을 미치고, 자발적 이직의 발생을 감소시키는 역할을 할 수 있으며, 학습속도를 가속화시킴으로써 훈련비용을 줄여 준다.

제4절 항공사의 직무(航空公司的职务)

국내 2대 항공사는 직무 명칭과 분류에 다소 차이가 있으나, 크게 5개로 구분하여 운영하고 있다.

1. 대한항공 직무(大韩航空职务)

1) 객실승무직(客舱乘务员)

대한항공서비스 최일선인 기내에서 근무하는 객실 승무직은 채용 후 신입 전문 훈련을 받게 되며, 훈련 수료 후 국내노선 및 국제노선에 탑승하여 다양한 업무를 수행하게 된다. 객실승무원 직무 내용 중에서 객실 안전 및 쾌적함 유지와 서비스 제공은 가장 중요한 업무이다.

[그림 2-8] 대한항공 객실승무직 직무 내용

▪ 운항 전 필요한 사항 확인

• 운항 전 필요한 사항을 확인하며 객실 내 비상장비, 의료장비 및 기타 서비스용품을 점검한다.

▪ 운항 전후 안전 및 보안 점검 실시

• 운항 전후 기내 안전 및 보안 점검을 실시 · 보고하며, 기장이 지시하는 관련 업무를 수행한다.

▪ 기내수하물 탑재상황 파악

• 기내수하물 탑재상황을 철저히 파악하고 승객에게 Safety Instruction을 실시한다.

▪ 객실 내 승객에게 편안한 서비스 제공

• 기내방송, 좌석안내, 식음료 제공, 입국관련 서류 점검, 기내 면세품 판매 등 객실 내 승객에게 편안한 서비스를 제공하는 전반 업무를 수행한다.

자료 : http://recruit.koreanair.co.kr

2) 운항승무원(运航乘务员–机长 · 副机长)

항공운송사업에 사용되는 항공기에 탑승하여 기장 또는 부조종사의 임무를 수행하는 승무원이다. 기장은 비행 시작부터 종료 시까지 항공기, 승객, 승무원, 화물의 안전에 대해 최종적인 권한과 책임을 가지며, 부조종사는 안전하고 효율적인 비행이 될 수 있도록 기장을 보좌하거나 대행하는 임무를 수행하게 된다.

[그림 2-9] 대한항공 운항승무원 직무 내용

■ **비행업무**

• 회사에서 지정한 스케줄에 따라 기장과 부조종사로 편조되어 목적지까지 승객과 화물을 운송하는 비행업무를 수행하게 된다.

■ **교육훈련**

• 다양한 교육훈련을 통해 최상의 운영체제로 승객과 화물을 안전하게 수송할 수 있는 자질과 역량을 갖출 수 있다.

■ **안전 및 보안**

• 운항 중 항공기 내에서 승객의 인명과 재산 및 항공기의 안전운항에 책임이 있다.

■ **건강관리**

• 모든 승무원은 스스로 신체적 및 정신적으로 임무에 적합한 상태를 유지해야 하며, 비행임무 전 적절한 휴식을 취해야 한다.

자료 : http://recruit.koreanair.co.kr

3) 대졸공채(大学毕业生公开招聘)

관리자 양성을 목표로 본사부서 또는 국내외 지점의 다양한 직무분야에서 근무하게 되며, 직원 개인의 능력과 직무적성을 고려한 경력개발 프로그램을 통하여 자신의 경력을 쌓게 된다.

[그림 2-10] 대한항공 대졸공채 직무 내용

■ **여객부문**

• 여객영업/마케팅
  ▸ 항공협정, 상무협정, 항공사 간 제휴 등을 통해 신시장을 개척하거나, 노선운영에 대한 기본 전략을 수립하고, 이에 따른 지역별 마케팅 전략을 수립하여 국내외 지점에서의 영업활동을 지원한다.

• 여객예약/발권/판매
  ▸ 국내외 각 지점에서 항공편에 대한 예약접수 및 항공여행 관련 종합정보서비스를 제공한다. 또한, 여행사에 대한 판매지원 등 대고객 서비스 업무와 노선운영 및 마케팅 전략 수립에 필요한 정보와 서비스를 제공하는 업무를 수행한다.

• 여객운송
  ▸ 국내외 공항에서 승객의 항공기 BOARDING을 위한 탑승수속, 수하물 관련 업무 등 대고객 서비스 업무와 여객운송 서비스 향상 전략을 수립하고 집행한다.

■ **화물부문**

- 화물영업/마케팅
  - ▸ 화물기 노선운영, 신상품 개발, 마케팅 계획 등 화물사업 전반에 관한 전략 수립 및 영업활동을 지원한다.
- 화물예약/판매
  - ▸ 국내외 각 지점에 대한 화물예약 접수, 항공화물 대리점에 대한 판매 업무 및 업계와 시장의 동향 등 노선운영과 마케팅 전략 수립에 필요한 정보를 제공하는 업무를 수행한다.
- 화물운송
  - ▸ 국내외 공항에서 항공화물 수송을 위한 조업사 관리, 특수화물 수송, 탑재관리(LOAD CONTROL) 등 제반 지원업무와 함께 화물운송 서비스 향상 전략을 수립, 집행한다.

■ **전략/지원 부서**

- 기획, 인사, 국제업무, 법무, 노무, 회계, SkyTeam, 국제금융 등 전사적인 차원에서의 정책을 수립하고 각 본부(여객사업, 화물사업, 항공우주사업, 기내식사업, 호텔기판사업, 객실승무, 운항승무, 정비)를 지원하는 업무를 수행하게 된다.

■ **운항관리**

- 종합통제센터와 국내외 공항에서 운항정보(취항공항 현황, 기상자료 등)를 수집/분석하여 항공기 운항여부를 결정하고, 비행계획(운항항로, 고도, 비행시간, 탑재연료 등)을 수립하여 조종사에게 제공하고 있다. 또한 안전운항을 위해 비행중인 항공기를 MONITORING 하면서 실시간으로 정보를 제공하는 역할을 한다.

자료 : http://recruit.koreanair.co.kr

4) 서비스 인턴(实习服务)

근로계약상 근로계약기간이 명시되는 기한부 사원으로, 예약접수, 발권(ticketing), 공항운송서비스 등 항공서비스에서 근무하게 된다. 일정기간 근무한 서비스 인턴사원 중 근무성적이 우수한 직원에 대해 정규직원으로 전환할 수 있는 기회가 제공된다.

[그림 2-11] 대한항공 서비스인턴 직무 내용

■ **서비스인턴 사원이란?**

- 근로계약상 근로계약 기간이 명시되는 계약직 사원이다.
- 예약접수, 발권(TICKETING), 공항운송서비스 등 항공서비스 분야에서 근무하게 된다.
- 일정 기간 근무한 서비스인턴 사원 중 근무성적이 우수한 직원에 대해 정규직원으로 전환할 수 있는 기회가 제공된다.

■ **근무시간**

- 1일 7시간, 주 35시간, 근무를 원칙으로 하고 있다.(단, 해당직원의 개별근로시간은 근로계약서에 정한 바에 의해 변경될 수 있다)
- 근무 스케줄은 해당부서 정규직원과 동일함이 원칙이지만 통근시간, 담당업무의 특성 등을 고려하여 별도로 정할 수 있다.

■ **처우**

- 시간급으로 근무경력 및 근무지에 따라 차등 지급하고 있다.
- 급여는 월 120여 만원 수준이다.
- 1년 이상 근무한 경우 관계법령에 의거 퇴직금을 지급한다.

■ **복리후생**

- 식사, 제복, 기타 근무에 필요한 물품은 회사가 제공한다.
- 일정기간 근무하신 분에게는 본인 및 가족이 사용 가능한 국내, 국제선 할인 항공권을 지급한다.
- 산재보험, 건강보험, 국민연금, 고용보험에 가입되어 있다.

자료 : http://recruit.koreanair.co.kr

5) 기술직(技术人员)

관리자 양성을 목표로 항공기 Operation을 위한 기술지원, 정비기획 등 다양한 항공기 정비업무 분야에서 근무하게 되며, 직원 개인의 능력과 직무적성을 고려한 경력개발 프로그램을 통하여 자신의 경력을 쌓게 된다.

[그림 2-12] 대한항공 항공기술직 직무 내용

■ **항공기술직 직무 소개**

- 기획부문
  - 항공기 기술지원 본부의 장단기 사업계획 수립 및 집행, 연간 항공기 생산계획 수립 및 실적분석, 생산성 목표설정 및 실적분석 등 전반적인 기술지원 본부 운영 방향을 결정하고 정책을 수립하는 업무를 수행하게 된다.
- 기술부문
  - 항공기, 원동기(ENGINE) 및 부분품(COMPONENT) 기술지원방식을 수립 및 지시함과 동시에, 현장 부서에서의 기술지원 업무 수행을 위한 WORK CARD 제정 등 각종 기술개발에 관하여 검토 및 연구 업무 수행하고 있다.
- 품질보증부문
  - 항공기 작업 수행 결과 MONITORING, 사고/지연/결항 원인조사 및 방지대책 수립 등을 통한 품질보증(QUALITY ASSURANCE) 및 신뢰성 관리 업무와 함께, 항공기 감항검사(AIRWORTHNESS) 관련 대관(건설교통부) 업무를 담당하게 된다.
- 훈련부문
  - 항공기 기술지원 업무 수행을 위하여 기술자격 취득 교육훈련 운영방침 및 기준을 수립하고, 현장 작업자 기술교육을 실시하는 등 기술지원 본부의 교육훈련제도를 연구하고 개발한다.

자료 : http://recruit.koreanair.co.kr

2. 아시아나항공 직무(韩亚航空职务)

1) 캐빈서비스직(客舱乘务员)

가. 업무 내용(业务内容)

캐빈서비스직은 아시아나항공이 운항하는 국내선 및 국제선 여객기에 탑승하여, 기내 안전관리 및 대고객서비스 업무를 담당하는 직종이다. 아시아나항공의 캐빈승무원은 현행 항공법상 '항공기에 탑승하여 비상시 승객을 탈출시키는 등 안전업무를 수행하는 승무원'으로 그 역할이 규정되어 있다.

나. 필요 역량(必要力量)

캐빈서비스직은 다양한 경험을 통해 축적된 대인관계 능력과 외국어 구사능력 등이 필수적으로 요구되며, 필요역량으로는 편안하고 호감이 가며 친밀감을 주는 첫인상이 좋은 승무원, 고객을 향한 따뜻한 마음과 정성을 가진 승무원, 고객이 원하는 것을 먼저 파악하는 센스를 가진 승무원, 국제적 감각과 매너를 지닌 승무원 등이다.

다. 업무특성 및 비전(业务特点及Vision)

기내에서 승객의 안전과 편안한 여행을 책임지는 업무이므로 편안함과 신뢰를 줄 수 있어야 하며, 이를 위해 지속적인 자기관리가 필수인 직종이다. 기내 현장에서의 경험을 바탕으로 훈련팀 교관, 캐빈안전, 서비스기획을 담당하는 Staff 업무를 수행할 수 있으며, 향후 그룹장, 파트장, 팀장 등의 관리자로 성장할 수 있는 기회가 주어진다.

2) 일반직(一般业务人员)

가. 일반지원직(一般援助管理人员)

기획, 법무, HR, 재무, 경영지원, 구매, 환경, 고객, 홍보 및 운항승무, 캐빈서비스, 정비 등 현장 지원/관리 업무가 일반지원직에 해당된다. 일반지원직은 아래와 같은 직무군으로 세분화된다.

수행하는 업무에 대한 전문적인 지식이 요구되는 직종이며, 관련 전공자의 경우 보다 수월하게 업무에 적응할 수 있다. 이와 더불어 관리능력, 업무추진능력, 기획능력이 필수적으로 요구되는 직무이므로, 향후 사내 HR, 법무, 재무, 구매, 홍보 전문가로 양성되며, Staff 업무 경험을 바탕으로 공항서비스, 영업서비스 등의 현장업무로의 원활한 경력개발이 가능하다. 또한 관리자/중간 관리자로 성장한 후에는 해당 업무를 총괄하는 부서장 및 담당임원으로 Career Path 개발도 가능하다.

[그림 2-13] 아시아나항공 일반지원직 직무 내용

Strategic Planning	경영기획 ǀ 예산기획 ǀ 항공기구매 ǀ 항공유구매
Human Resource	인사 ǀ 노무 ǀ 교육 ǀ 감사
Financial Management	재무회계 ǀ 원가회계 ǀ 수입회계 ǀ 자금관리 ǀ 국제금융
Expert Support	법무/보험 ǀ 홍보 ǀ 항공보안 ǀ 안전경영
Administration	총무 ǀ 시설/환경 ǀ 일반구매
In-Flight Service	캐빈커머스 ǀ 케이터링개발 ǀ 캐빈승무원 관리 ǀ 캐빈서비스 훈련 운항평가 ǀ 운항훈련 ǀ 운항기술 ǀ 운항관리 ǀ 운항승무원관리
Customer Relations	서비스 품질관리
Maintenance	정비관리 ǀ 기재계획/재고관리

자료 : https://recruit.flyasiana.com

나. 영업서비스직(销售服务人员)

여객/화물 영업과 관련된 제반 업무를 수행하는 직종으로, 영업에 필수적으로 수반되는 직접판촉, 마케팅, 영업기획/관리 등의 업무와 항공협정, 운수권, 운임과 관련된 업무가 영업서비스직에 해당되며, 아래와 같이 세분화할 수 있다.

영업과 관련된 다양한 정보를 계량화하고 분석할 수 있는 자료 분석능력, 분석을 바탕으로 미래의 계획을 수립할 수 있는 기획능력이 요구되는 직무이며, 필요역량으로는 협상, 대외활동, 직접 판촉 등의 상황에서 고객을 설득할 수 있는 협상능력, 대인관계능력, 외국어능력 등이 요구된다.

영업현장에서의 경험이 영업서비스 직무를 수행하는 기본이 되며 영업현장의 업무는 비교적 활동성이 많이 요구되는 업무라고 할 수 있으며, 현장에서의 경험을 바탕으로 영업서비스 내의 다양한 영역으로 업무의 폭을 넓혀나갈 수 있으며, 중간관리자/관리자로 성장한 후에는 대외기관 파견, 해외영업지점장 근무 등의 기회가 주어진다.

[그림 2-14] 아시아나항공 영업서비스직 직무 내용

Marketing	광고 ǀ 디자인 ǀ 인터넷마케팅 ǀ 로열티마케팅 ǀ 여객마케팅 화물마케팅 ǀ 아시아나클럽 ǀ 프리미엄서비스 ǀ Alliance
Sales	영업기획 ǀ 영업관리 ǀ 노선수익관리 ǀ Pricing/Tariff ǀ 판매 예약 ǀ 발권
Define Route Structure	국제업무 ǀ 항공정책기획

자료 : https://recruit.flyasiana.com

다. 공항서비스직(机场服务人员)

항공기 출발편에서 도착편까지 공항에서 진행되는 모든 업무를 운영하고 기획하는 것이 공항서비스직의 업무내용이다. 크게 발권, 탑승수속, 수하물, 라운지 서비스 등의 고객접점 업무와 이러한 공항서비스를 기획/관리하는 업무로 나뉜다.

다양한 국적, 성별, 연령대의 손님에게 최적의 서비스를 제공해야 하므로 원만한 대인관계 능력, 외국어 능력, 국제적 감각 등이 필수적으로 요구된다. 비정상 운항 상황을 신속하게 해결할 수 있는 문제해결 능력, 순발력 등도 공항서비스를 담당하는 직원에게 꼭 필요한 역량이라고 할 수 있다.

업무의 특성상 공항업무 전반을 이해할 수 있는 현장에서의 경험이 필수적으로 요구되며, 중 · 단기 해외 파견업무 수행의 기회가 부여된다. 관리자로 성장한 후에는 공항서비스를 운영 · 기획하는 부서의 부서장 또는 해외 공항서비스지점장의 기회가 주어진다.

[그림 2-15] 아시아나항공 공항서비스직 직무 내용

Airport Service	공항서비스기획 | 여객공항서비스 | 화물운송서비스 공항서비스지원

자료 : https://recruit.flyasiana.com

3) 운항직(运航乘务员–机长 · 副机长)

운항직은 승객과 화물을 운송하는 항공기를 안전하고 편안하게 목적지까지 운송하는 업무로 운항중인 항공기의 최고 책임자이다. 언제 어디서든 항공기 운항을 위해 소통할 수 있는 국제적 감각과 외국어 능력과 규정과 절차에 대한 이해와 이를 준수하고자 하는 역량, 그리고 고객의 안전을 책임질 수 있는 신체적 · 정신적 강인함이 요구된다.

운항직은 항공기 안전운항에 대한 총 책임자로 신체적 · 정신적으로 항시 적합상태를 유지하여야 한다. 최초 부기장 임명 시에는 기장을 돕거나 대행하는 업무를 수행하고, 부기장 경험을 바탕으로 기장으로 성장할 수 있다. 장기적으로 운항부문을 담당하는 팀장 및 임원 등 관리자로 성장할 수 있는 기회가 부여된다.

4) 정비직(机务人员)

항공기 정비, 기술지원, 중장기 정비계획의 수립 및 기획이 정비직의 주요업무이다. 항공기 정비 신뢰성 향상을 위한 정비계획, 기술지원, 생산성 관리, 사고/지연/결항의 원인 및 조사 업무를 수행한다.

항공기 정비결함은 안전운항 및 항공사 신뢰성의 가장 큰 저해요소이므로 강한 책임감과 매사에 완벽을 기하는 꼼꼼함, 항상 연구하는 자세가 요구된다. 생산성 관리 및 중장기 계획 수립을 위한 기획 능력과 현대 기술의 집약체인 항공기에 대한 이해와 기술력은 반드시 필요한 역량이라고 할 수 있다.

업무 특성상 24시간 운영하는 항공기 정비를 위해 교대근무를 수행하기도 하며, 입사 전/후 항공정비사 자격증 취득이 요구되고, 자격보유자의 정비작업은 해당 작업에 대해 책임을 진다. 경력개발 프로그램에 따라 정비 현장직에게는 해외파견의 기회를, 관리영역직에게는 관리자로의 성장 기회를 부여하고 있다.

5) 운항관리직(运航管理人员)

항공기 운항통제 및 항공기 연료소모량을 고려한 최적의 비행계획 작성업무를 수행한다. 구체적으로 항공기 운항과 연관된 기상, 공항정보, 항로정보를 분석하여 정확하고 안전한 항공기 운항을 지원하고 비정상 운항을 예방하는 업무를 수행한다.

운항을 위해 수집한 다양한 정보의 수집/분석 능력 및 분석한 정보를 정확히 전달할 수 있는 의사소통 능력은 필수적이다. 항공기, 기상, 공항/항로 등의 항행시설에 대한 기초지식과 관심, 신속하고 정확한 의사결정 능력이 요구된다.

업무 특성상 24시간 운항하는 항공기 운항통제를 위해 교대근무를 수행하기도 하며, 입사 전/후 운항관리사 자격증 취득이 요구되며 비행계획 및 운항결정에 대한 권한과 책임이 부여된다. 또한 향후 항공기 운항에 대한 전문가로 다양한 교육프로그램을 통해 해외출장 및 파견 기회가 부여되며 항공기 운항통제 관련 관리자로 성장하게 된다.

제2장

직무관리의 요약
(对职务管理的概括说明)

항공사 종사원의 직무는 항공기를 이용하는 고객들을 위해 수행하는 일이고, 이 일들을 집합시킨 것이 항공사의 경영활동이다.
직무분석은 종업원의 채용, 배치, 이동, 승진, 승급 등 인사관리활동을 효율적으로 수행하기 위해 필요한 직무정보자료를 수집하는 것이다. 이 직무정보자료의 수집방법은 면접법(interview method), 관찰법(observaion method), 질문지법(questionnaire method), 혼합법 등이 있다.
인사관리에 필요한 직무관리자료로는 직무기술서와 직무명세서(job specification)가 있는데, 이 두 서류는 종업원 채용 시에 기준이 된다.
직무기술서란, 직무의 능률적인 수행을 위해 필요한 직무의 성격, 요구되는 개인의 자질 등 중요한 사항을 기록한 것이다. 직무명세서는 직무기술서에 의한 직무와 그에 필요한 자격요건을 개인에 중점을 두어 일정한 양식에 정리한 것이다.
직무는 종업원이 만족하고 항공사의 목적을 효과적으로 달성할 수 있도록 잘 평가되고, 설계되어야 한다. 항공사의 직무는 회사에 따라 직무명칭과 분류에 다소 차이가 있다. 대한항공의 직무를 소개하면 객실승무직, 운항승무원, 대졸공채, 서비스인턴, 기술직 등이 있다.

航空公司从业人员的职务是利用飞机服务于顾客的工作、航空公司的经营活动就是把这些工作集合起来的活动。
职务分析是为有效进行从业人员的录用、安排、移动、晋升、升级等人事管理活动收集必要的职务信息资料。职务信息资料的收集方法有面试法(interview method)、观察法(observaion method)、问卷法(questionnaire method)、混合 法等。
人事管理必要的职务管理资料有职务记述表和职务明细表(job specification)、这两种材料是招聘从业人员时的标准。
职务记述表记述有效履行职务所必需的职务的性质、个人资质等重要事项。职务明细表将重点放在职业记述表记录的个人职务和必要的资格条件上、并按一定格式整理。
对职务的评价和设计应该让从业人员满意, 并可有效实现航空公司的目的。航空公司的职务根据公司职务名称和分类有所不同。大韩航空的职务包括客舱乘务员、运航乘务员(机长、副机长)、大学毕业生公开招聘、实习服务和技术人员等。

Chapter 03

인적자원 모집과 선발

(招聘和选拔人力资源)

Chapter 03 인적자원 모집과 선발(招聘和选拔人力资源)

제1절 인적자원 계획(人力资源计划)

1. 인적자원 계획의 이해(人力资源计划的理解)

항공사는 고유한 특성으로 인해 또는 처해 있는 경영환경에 의해 종업원을 더 채용해야 하거나 기존의 종업원이 불필요해지는 경우도 있는데, 이러한 인적자원의 수요와 공급의 불균형에 대한 기업들의 대처방법이 다르다. 일부 기업은 그때그때의 상황변화에 대처하는 방법을 택하고, 일부 기업은 체계적인 분석을 통하여 미래에 필요한 인적자원의 수를 계획하고 준비한다.

인적자원계획이란, 조직이 필요로 하는 인력의 수와 자격요건을 예측하여 인력수요를 충족시켜 줄 수 있도록 여러 대응책을 마련하는 과정이다.

항공사의 경우는 항공사의 경영비전과 경영전략에 결부된 인재장기계획으로 미래에 필요한 인적자원을 예측하고, 기업의 목적을 가장 효율적이고 경제적으로 완수하기 위한 양적 · 질적 적합한 인력을 채용하여 활용하는 중요한 경영활동이라고 할 수 있다. 대한항공은 '사람'을 가장 소중하게 생각하는 가치이자 자원이라는 인사철학을 가지고 있다. 이를 토대로 인사를 운영하고 인재상에 반영함으로써 인사제도로 운영하고 있다.

인적자원계획은 항공사의 인적자원 관리측면에서 다양한 목적으로 활용되며 수립과정에 있어서 기업의 조직목표와 전략은 서로 연관성을 지니게 된다. 따라서 인력의 과부족이나 자질부족으로 인한 문제를 방지하고, 적정한 시기에 필요인력의 규모와 자격요건을 예측하여 적절한 확보대책 마련하여, 그에 따라 인력감축이나 유휴인력 활용방안 마련에 토대를 제공한다.

오늘날 항공사 간 경쟁이 심화되면서 다운사이징(downsizing)과 인력합리화를 통해서 낭비요소를 사전에 제거하고자 하는 필요성이 증대하고 있으며, 과잉인력의 누적으로 인한 고비용 구조를 탈피하고자 끊임없는 노력을 기울이고 있다.

[그림 3-1] 인적자원계획의 수립과정

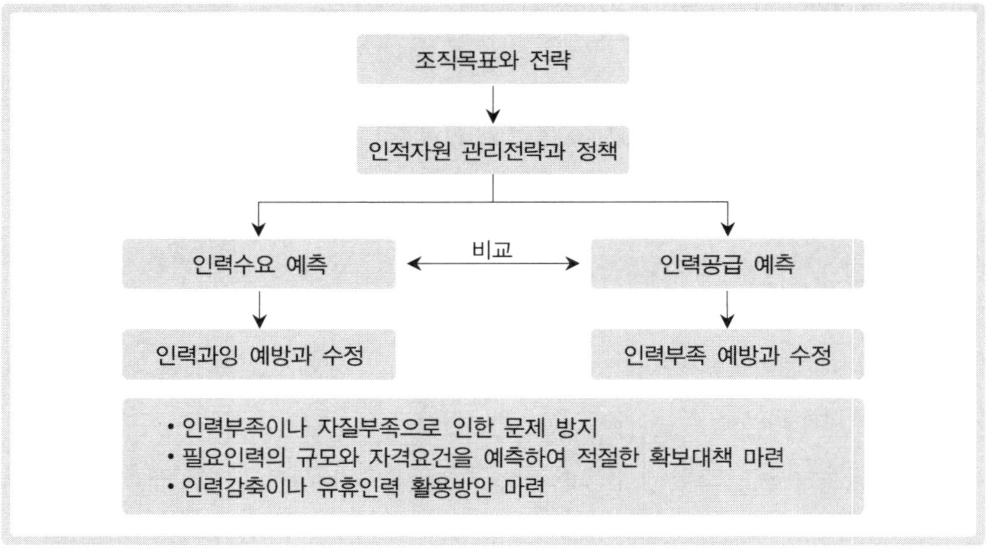

자료 : 함봉수 · 강상묵(2009), 서비스기업 인적자원관리, 백산출판사, p. 85.

2. 인적자원계획의 과정(人力资源计划的过程)

인적자원계획은 인적자원을 효율적으로 운영하여 항공사의 경영목표를 달성하기 위하여 단위조직 또는 업무별로 필요한 적정인원수와 질을 예측하는 활동이다.

인력계획의 가장 보편적인 접근방법으로는 환경예측, 양적인 접근방법, 질적인 접근방법 등이 있다. 일반적인 인력계획은 어느 한 가지 방법만을 사용했을 때의 위험을 최소화하기 위하여 두 가지 이상의 접근법을 동시에 사용한다.

1) 외부환경예측(外部环境预测)

인적자원의 수요 · 공급에 영향을 미치는 첫 번째 요소는 외부 환경이다. 외부 환경은 일반적으로 경제적 환경, 사회문화적 환경, 인구통계학적 환경, 기술적 환경, 노동시장 환경 등으로 구성된다.

[그림 3-2] 외부환경예측을 통한 인적자원 계획과정

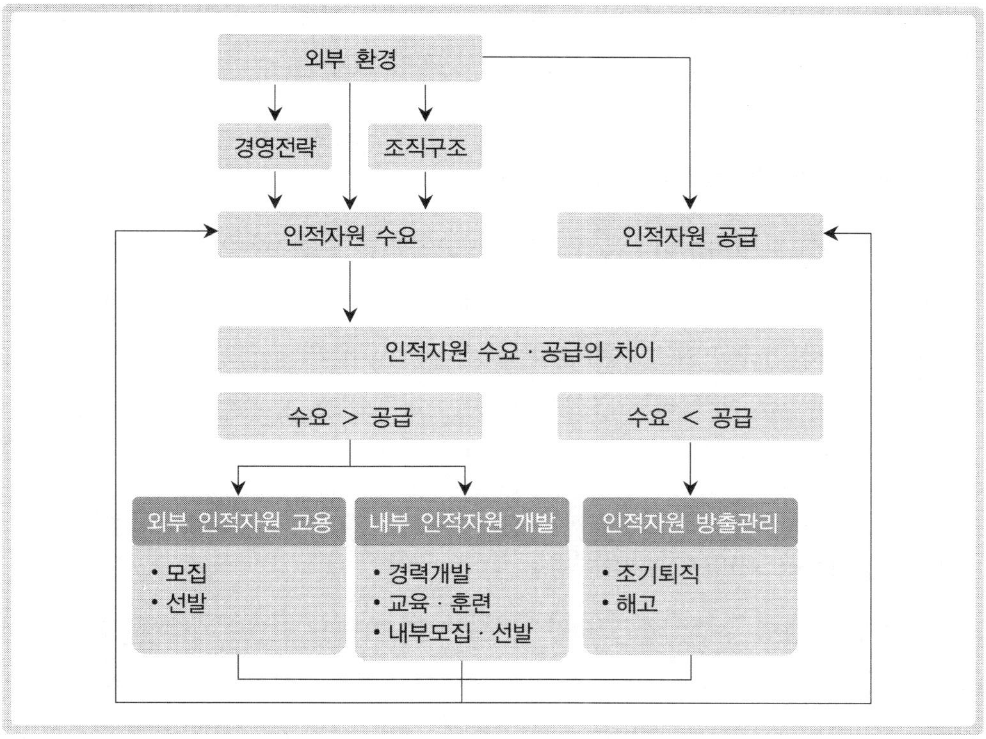

자료 : 이수광 · 이재섭(2003), 서비스산업의 인적자원관리, 대왕사, p. 199.

항공사의 외부 환경은 [그림 3-2]와 같이 인적자원의 수요와 공급에 직접적인 영향을 미치기도 하지만, 경영전략(management strategy) 혹은 조직구조(organization structure)를 거쳐 간접적으로 영향을 미치기도 한다.

예를 들어 보면, 1990년대 말의 IMF 경제위기에 직면한 항공사들은 매출의 현격한 감소를 경험해야 했으며, 이에 대한 대응전략으로 축소전략을 선택하였다. 이러한 전략의 일환으로 대부분의 항공사들은 대대적인 구조조정을 통해 조직을 축소시켰다. 결과적으로 인적자원 수요에 큰 영향을 미쳤다. 동시에 종업원들의 이직의사를 현저히 감소시켜 인적자원의 공급에도 큰 영향을 미쳤다.

이상과 같이 인적자원의 수요 · 공급을 예측하고 이에 대응하기 위해서는 우선 항공사의 인적자원의 수요와 공급에 지대한 영향을 미치는 기업의 외부환경 요소들, 즉 경제적 환경, 사회문화적 환경, 인구통계학적 환경, 기술적 환경, 노동시장 환경에 대한 지속적이고 체계적인 관심과 분석이 요구된다.

2) 양적 수요예측(量的需求预测)

양적 수요예측이란, 미래의 특정시점에서 요구되는 인적자원의 양(quantity)에 관한 예측이다. 즉 몇 명의 종업원이 필요한가에 관한 예측인 것이다. 인적자원의 양적 수요는 앞서 언급된 환경, 경영전략, 조직구조 등에 의해 영향을 받지만 기업의 매출목표, 기술수준, 종업원의 동기부여 정도, 직무의 특성, 종업원의 직무수행 능력 및 의지 등과 같은 다양한 요인에 의해 영향을 받기도 한다.

가. 노동과학적 기법(劳动科学技法)

인적자원의 양적 수요예측을 위한 노동과학적 기법은 시간 · 동작연구(time and motion study)를 통해 표준작업량 및 표준작업시간을 산정하여 과학적으로 필요 인적자원의 양을 예측하는 방법이다. 즉 필요한 연간 총 작업 시간을 과학적으로 산정된 1인당 작업시간으로 나누어 인적자원수요를 예측한다.

따라서 노동과학적 기법은 시간 · 동작연구를 기초로 표준작업량과 표준작업시간에 대한 과학적인 계산을 근거로 인적자원 수요예측이 이루어지므로 정확한 수요예측이 가능하다. 제조기업의 생산직과 같이 단순 반복적인 일의 경우에 적절한 인적자원 수요예측이라 할 수 있다. 그러나 관리직 · 사무직 등 생산량의 계획과 측정이 곤란한 일의 경우에는 적절하지 않고, 생산직의 경우에도 표준작업량과 표준작업시간의 산정에 있어 기업과 종업원의 갈등이 노출될 개연성이 있다.

나. 통계적 기법(统计的技法)

통계적 기법(statistical method)은 항공사의 과거자료를 통계적으로 분석하여 특정한 미래시점에서의 인적자원의 양적 수요를 예측하는 방법이다. 과거자료의 분석에 이용되는 통계기법에 따라 통계적 기법은 생산성 비율분석, 추세분석, 회귀분석 등으로 구분할 수 있다.

생산성 비율분석(productivity ratio analysis)은 과거 기업의 생산성이 미래에도 지속될 것이라는 전제에서 과거 생산성과 인적자원 수요에 관한 자료를 분석하여 미래의 인적자원 수요를 예측하는 방법이다. 비교적 계산이 간편하며, 생산량의 증가에 따라 인적자원의 수요도 증가하는 직무의 경우에는 유용하지만 관리직무와 같은 경우에는 타당성이 떨어진다. 통계적 분석의 문제점이라 할 수 있는 과거자료에의 의존이라는 심각한 문제점을 지닌다.

추세분석(trend analysis)은 시간의 흐름과 과거 인적자원수요의 변화를 기준으로 인적자원수요를 예측하는 방법이다. 인적자원수요의 추세분석에서 보듯이 과거의 인적자원수요의 증가가 미래의 특정한 시점까지 이어질 것이라는 전제에서 인적자원수요의 변화추세를 근거로 인적자원수요를 예측하는 것이다. 추세분석은 생산성 비율분석과 유사한 장 · 단점을 지닌다.

회귀분석(regression analysis)은 인적자원수요에 영향을 미치는 중요한 원인이나 사건들을 찾아내고 이들을 통해 인적자원수요를 예측하는 방법이다. 회귀분석은 다른 예측기법과 달리 인적자원의 양적 수요에 영향을 미치는 요인을 찾아내는 데 많은 노력과 비용이 요구되는 한계를 지닌다.

[그림 3-3] 회귀분석에 의한 인력계획 프로세스

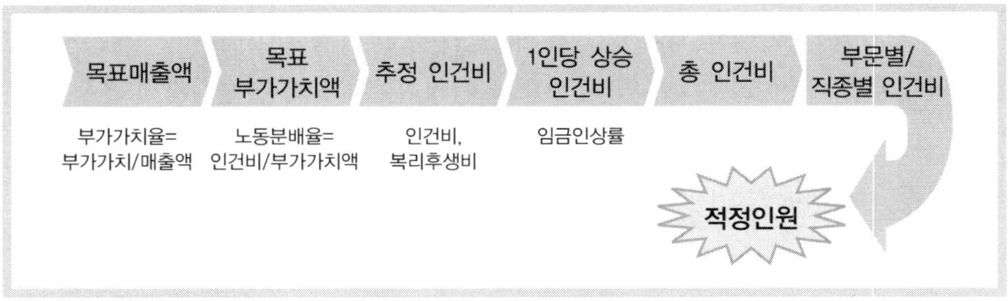

자료 : 조병린(2007), 인사관리 패러다임과 전략적 인력계획, 월간HRD(7), p. 79, 수정·보완.

다. 허용인건비법(容许工价法)

허용인건비법은 '얼마나 필요로 해도 되는지'의 관점에서 이루어지는 인적자원 수요예측기법이다. 즉 기업의 지불가능 인건비를 전제로 현실적으로 보유 가능한 인적자원의 양을 계산하는 방법이다.

예를 들어, D항공사의 지불가능 인건비, 즉 허용인건비 총액이 700억원이고, 종사원 1인당 평균임금이 3,500만원이라고 한다면, 인적자원의 양적 수요는 '허용인건비 총액/평균임금'에 따라 2,000명으로 계산된다.

따라서 허용인건비법은 지불 가능한 인건비 총액을 기준으로 인적자원수요를 계산하는 현실적인 방법이며, 최대보유가능 인적자원에 대한 기준을 제공한다는 측면에서 의미 있는 인적자원 예측기법이다. 그러나 '보유할 수 있는' 인적자원의 양을 예측함으로써 '보유하여야 하는' 인적자원의 양을 예측하여야 하는 인적자원의 예측기법으로서의 타당성(validity)은 저하되는 등의 문제점을 가지고 있다.

라. 델파이법(Delphi Method)

델파이법(Delphi method)은 인적자원 수요예측에 전문적인 식견을 지닌 전문가 집단의 반복적인 의견교환을 통해 인적자원수요를 예측하는 방법이다. 델파이법은 구체적으로 [그림 3-4]에서 보는 것과 같은 절차를 거쳐 실시된다.

델파이법은 통계적 기법과 달리 환경이 급변하여 과거의 자료를 활용하는데 심각한 제약이 있는 경우에는 유용한 예측기법이지만 시행과정에 시간이나 비용이 많이 소요되어 긴박한 수요예측의 경우에는 적절하지 않은 등의 한계를 지닌다.

[그림 3-4] 델파이법의 실행과정

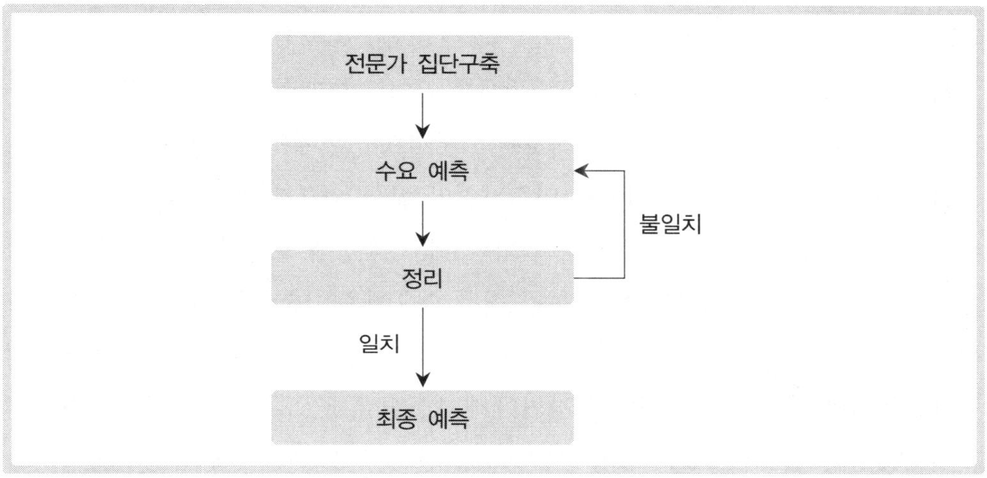

자료 : 저자 작성.

3) 질적 수요예측(质的需求预测)

인적자원의 자격요건에 관한 예측인 질적 수요예측의 구체적인 기법으로는 시나리오기법, 자격요건분석법 등이 있다. 시나리오기법은 동태적인 경영환경에 노출된 기업의 인적자원의 질적 수요예측에 유용하며, 자격요건분석법은 기업경영환경이 비교적 안정적인 경우에 많이 사용된다.

가. 시나리오기법(Scenario Method)

시나리오기법(scenario method)은 경영환경의 급속한 변화로 환경변화는 물론, 이에 따른 직무의 변화 등에 대한 예측이 어려운 경우에 사용된다. 시나리오기법은 항공사의 경영환경의 변화를 추정하는 작업으로 시작된다. 전문가집단의 브레인스토밍(brainstorming)과 미래학자들의 의견 등을 토대로 항공사의 경영환경의 변화를 추정하고 환경의 변화가 경영에 미칠 영향력을 규명한다. 다음으로 경영에 미치는 환경의 바람직한 영향을 극대화하고, 부정적인 영향을 최소화하는 관점에서 항공사는 성과수준을 설정한다. 이를 토대로 성과의 달성을 위해 요구되는 직무의 내용이 도출되고, 이는 다음 단계에서 개략적인 직무기술서(job description)와 직무명세서(job specification)로 정리된다.

각각의 직무의 직무기술서와 직무명세서를 토대로 미래의 특정한 시점에서 해당 직무를 수행하기 위해 요구되는 인적자원의 자격요건을 예측하고, 이를 부문별 · 직군별로 통합하여 기업의 전체적인 인적자원의 질적 수요가 예측된다.

시나리오기법은 불확실한 환경의 변화와 이의 추정에 토대를 둠으로써 다분히 개괄적이고, 상대적으로 정교하지 못한 질적 수요예측기법이다. 그러나 다양한 환경의 변화, 환경의 변화가 기업에 미치는 영향 및 이에 대한 대응방법으로서 복수의 시나리오를 작성하고, 실제적인 환경변화에 대응할 수 있도록 함으로써 적절한 질적 수요의 예측을 가능하게 하며, 한편으로는 환경의 변화와 이에 대한 적응능력을 제고하는 유용한 학습기법이 되기도 한다.

나. 자격요건분석법(Qualification Analysis Method)

시나리오 기법과 달리 자격요건분석법(qualification analysis method)은 미래의 특정한 시점에서 기업의 경영활동을 구성하고 있는 직무의 내용이 크게 변화하지 않을 것으로 판단되는 경우에 사용된다. 기존의 직무기술서(job description)와 직무명세서(job specification)를 토대로 직무를 과업(task)으로 세분화하고, 각각의 과업이 미래의 특정한 시점에서의 중요도를 판단하고, 이를 토대로 미래의 특정한 시점에서 각각의 직무수행자 자격요건을 분석한다. 이어서 이들 자격요건을 부문별 · 직군별로 통합하여 기업 전체적인 인적자원의 질적 수요를 예측한다.

이러한 자격요건분석법은 어느 정도 환경변화 추정이 가능한 단기적 예측에 유용하며, 질적 수요의 예측뿐만 아니라 직무설계(job design) 등에도 유용한 정보를 제공할 수 있다는 장점이 있으나 오늘날과 같이 급변하는 환경 하에서는 적용이 제한적일 수밖에 없다.

제2절 모집(招聘)

1. 모집의 이해(招聘的理解)

인적자원계획 과정을 통해 인적자원 수요가 인적자원 공급보다 많다고 예측되면 초과수요만큼의 인적자원 확보가 요구된다. 그러나 핵심역량을 가진 우수한 인적자원은 어디에나 있는 것이 아니다. 따라서 항공사는 기업의 목표를 효율적으로 수행하는 데 필요한 핵심역량을 가진 인적자원을 어떻게 하면 효과적으로 모집할 수 있을지 고민하게 된다. 이와 같이 기업이 필요로 하는 능력을 가진 인적자원들이 지원하도록 충분한 채용정보를 제공하고 유인하는 활동을 모집이라고 할 수 있다.

아무리 많은 비용과 시간을 투자하고 과학적인 채용기법을 활용하여 인적자원을 선발한다 해도 채용대상인 모집단이 나쁘다면 결국 우수자원을 확보하기 어렵게 된다. 따라서 정해진 비용과 시간 안에서 우수한 인적자원을 선발하고 채용하기 위해서는 모집단의 특성을 충분히 검토하고, 모집광고 매체를 선정할 때 신중을 기해야 한다. 이러한 모집활동은 모집원천(recruitment source)을 기준으로 다음과 같이 외부 모집과 내부 모집으로 구분할 수 있다.

2. 모집의 방법(招聘的方法)

모집의 방법으로는 기업 내부에서 인적자원 수요에 맞는 종업원을 선발하는 내부 모집과 기업 외부에서 지원자를 모으는 외부 모집으로 구분된다.

1) 내부모집(内部招聘)

초과수요로 인적자원 수요가 발생할 경우 기존의 종업원을 대상으로 지원자를 모으는 모집방법을 내부모집이라고 한다. 내부모집에는 다음과 같이 사내공모제도, 전환배치(transfer), 승진(promotion) 등이 있다. 내부 모집의 대표적인 방법인 사내공모제도(job posting and bidding system)는 사내 게시판 등을 통해 모집공고를 내고 기존 종업원 중에서 지원자를 구하는 방법이다.

이러한 사내공모제도는 특히 매력적인 직무 혹은 상위직급의 충원을 위한 내부 모집의 경우에 기존 종업원에게 승진의 기회를 제공함으로 욕구충족의 기회가 되고 사기를 진작시킬 수 있다. 지원자에 대한 상대적으로 정확한 평가가 가능하고, 외부 노동시장에 긍정적인 기업 이미지를 심어 줌으로써 우수한 인적자원을 유인하는 자극이 되며, 모집비용이 저렴하다는 등의 다양한 장점이 있다. 그러나 지속적인 인적자원의 확보를 필요로 하는 성장기의 기업에는 적용이 제한적일 수밖에 없으며, 외부 인적자원의 유입이 차단되므로 기업의 활력에 부정적인 영향을 미칠 개연성이 있다. 선발되지 못한 지원자의 인간관계 훼손, 사기저하 등의 문제점이 있으며, 인간관계 등의 이유로 내부 지원자에 대한 평가가 왜곡될 가능성이 존재한다는 등의 단점도 있다. 따라서 사내공모제가 성공하려면 다음과 같은 원칙이 뒷받침되어야 한다.

[그림 3-5] 사내공모제의 목적

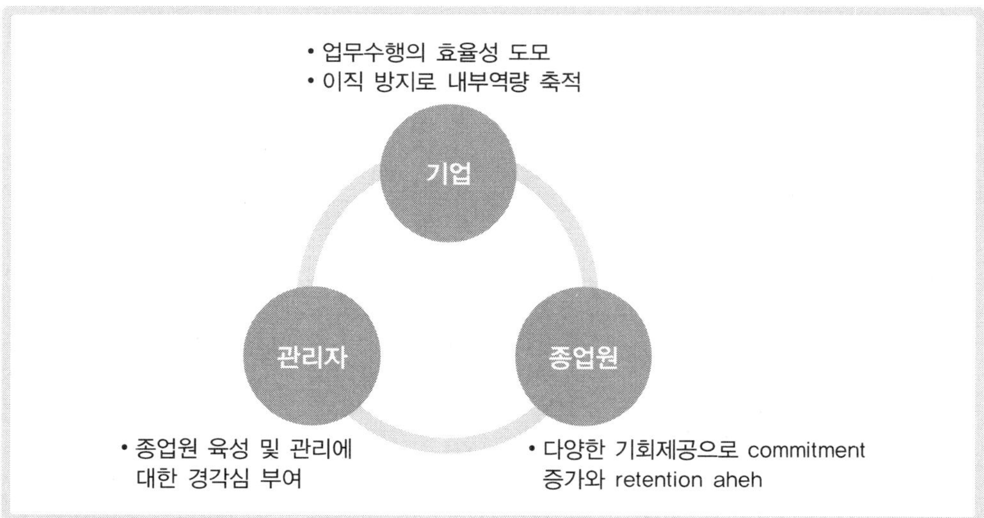

자료 : 김인범 · 신현관(2009), 리더가 꼭 알아야 할 실전 인사관리, 중앙경제평론사, p. 39.

첫째, 공모대상 직무의 자격요건을 충족하는 모든 종업원에게 지원기회를 공평하게 제공해야 한다. 만약 일부 종업원에게만 한정적으로 기회가 주어진다면 대다수의 종업원들은 개인 경력개발차원에서 조직에 불만이 쌓이게 된다.

둘째, 해당조건에 가장 부합하는 종업원에게 기회를 먼저 제공해야 한다. 이는 시장경쟁원리로 인해 종업원들 간에 경쟁을 유발하여 조직의 역량을 높일 수 있다.

셋째, 관리자의 입장에서 자신의 부서에 소속되어 있는 유능한 종업원이 다른 직무로 이동하는 것에 대해 부정적인 입장을 나타낸다. 그러나 관리자는 이를 자신의 부서차원에서 볼 것이 아니라 전체 조직차원에서 바라보고 지원해줘야 한다. 따라서 사내공모를 통하여 후보자가 선정되면 해당 부서로 바로 이동시키는 것이 필요하다.

2) 외부모집(外部招聘)

외부모집이란, 기업 외부에서 지원자를 모으는 방법이다. 대표적인 방법으로는 공개적으로 지원자를 모으는 모집광고를 통한 모집이다. 기업을 대신하여 기업을 소개하고 지원자를 모으는 모집활동을 대신 수행하는 리크루터(recruiter)를 통한 모집, 취업의사가 있는 잠재적 지원자를 대상으로 일정기간 근무하게 하는 인턴십(internship)에 의한 모집, 기존 종업원의 추천, 대학 등 교육기관의 추천, 자발적인 지원에 의한 모집 등이 있다. 또한 최근에는 대부분의 기업들이 채용정보를 자사 또는 채용알선 전문기업의 홈페이지에 기재하고, 인터넷을 통해 응모하게 하는 방법을 채택하고 있는 추세이다.

이러한 외부모집은 단기적인 평가에 기인하여 부적격한 지원자를 채용할 개연성이 있다. 채용 후 부여된 직무와 기업문화 등에 적응하는데 상대적으로 오랜 시간이 소요되고, 내부 종업원의 사기(morale)를 위축시키는 등의 문제점을 지니고 있다. 그러나 조직에 새로운 활력소가 되며, 요구되는 자격요건을 지닌 지원자를 채용함으로써 내부모집에 따른 인적자원개발비용을 절감할 수 있다는 장점을 지닌다.

인터넷을 통한 모집은 채용비용과 시간을 대폭 줄일 수 있다는 장점은 있으나,

개성이나 창조력 있는 인적자원을 간과할 우려가 있고, 지원자의 정확한 정보를 알아내기도 어렵다는 단점이 있다.

3) 모집의 평가(招聘的评审)

과거에는 모집에 대해 지원자가 수동적이라고 가정하고 기업이 각종 모집방법을 이용하여 종업원을 모집하는 일방적인 과정으로 인식되었다. 오늘날에는 모집을 지원자가 적극적으로 기업을 선택하고 기업이 지원자를 적극적으로 선택하는 기업과 지원자 간의 쌍방적인 과정으로 인식해야 한다. 전통적 모집관행은 미래의 종업원에게 기업에 대해 좋은 인상을 갖도록 과대 선전하는 경향이 있었으며, 이로 인해 종업원과 기업의 잘못된 연결로 야기된 높은 비용, 즉 고용비용 및 이직비용을 초래하였다. 또한 실제적으로 신입사원 중 6개월 이내 이직자가 많이 발생하고 있다. 우수인력의 확보는 기업의 큰 자산이므로, 모집활동으로 인한 성과평가는 반드시 있어야 한다.

모집활동에 대한 평가는 첫째, 모집방법에 대한 평가와, 둘째, 확보된 지원자의 수와 질, 셋째, 모집활동에 투입된 비용 및 시간이 된다.

우선 모집방법에 대한 평가는 실시된 내부모집은 외부모집에 비해 상대적으로 적절하였는지, 실시된 외부모집의 결과는 내부모집의 장점을 충분히 상쇄할 만큼 효과적 · 효율적이었는지 등을 평가하는 것이다.

지원자 수와 관련된 평가내용은 단순한 지원자 수, 입사제안자 수, 자격을 갖춘 지원자 수 등으로 구분하여 볼 수 있다.

모집활동에 소요된 비용과 시간 등 모집비용(recruitment cost)에 대한 평가는 적정량의 비용이나 시간에 대한 절대적인 기준을 산정하는 것에 어려운 점이 있다. 일반적으로 경쟁기업과 해당기업의 연도별 모집비용을 상대적으로 비교하거나 모집방법별로 모집비용을 계산하여 이를 통해 상대적으로 모집활동을 평가한다. 따라서 모집활동에 대한 평가는 평가 그 자체가 목적이 아니라 잘못된 원인을 찾아 수정하는 활동이 이어져야 모집에 대한 통제활동이 제대로 되는 것이다.

제3절 선발(选拔)

1. 선발의 이해(选拔的理解)

모집이 지원자를 구하는 적극적이고 공격적인 활동인 반면, 선발(selection)은 지원자 중 성공적으로 직무를 수행할 종업원을 선별하는 방어적인 활동이라고 할 수 있다. 선발활동의 기본목적은 지원자들 중에서 해당직무를 가장 잘 수행할 수 있는 지원자를 선별하는 것이다.

그러나 최근에는 높은 실업률로 '성공적인 직무수행'에 기준을 설정하는 인사담당자가 선발의 오류를 범하게 만드는 경향이 있다. 즉 고학력자의 하향 취업현상으로 인하여 '능력초과' 현상이 나타나게 되는 것이다. 이 경우 단기적으로는 선발된 종업원은 주어진 직무를 성공적으로 수행할 수 있겠지만 시간이 경과함에 따라 직무불만족, 임금수준에 대한 불만족, 사회적 · 경제적 지위에 대한 불만족 등으로 장기적 관점에서 볼 때 이직으로 이어져 바람직하지 못한 결과를 초래하게 된다.

성공적인 인적자원의 선발을 위해서 기업은 선발방법에 대한 명확한 기준이 세워져야 한다. 그 기준으로 기업의 인재관을 들 수 있는데, 인재관이란 과연 '어떤 지원자가 바람직한 지원자인가'를 판단하는 기업의 정책이라고 할 수 있다. 대표적인 인재관으로는 직무중심의 인재관, 경력중심의 인재관, 기업문화 중심의 인재관 및 경영전략 중심의 인재관 등이 있다.

먼저 직무중심의 인재관은 배치될 직무의 수행자로서 요구되는 자격요건과 적합한 지원자를 바람직한 지원자로 간주하여 선발하는 인재관을 말한다. 둘째, 경력중심의 인재관은 배치될 직무뿐만 아니라 장기적으로 경력경로(career path)가 요구하는 지원자의 능력과 잠재능력을 기준으로 바람직한 지원자를 선발하는 인재관을 말한다. 셋째, 기업문화 중심의 인재관은 기업문화에 잘 맞는 지원자를 바람직한 지원자로 간주하는 인재관을 말한다. 마지막으로 경영전략 중심의 인재관은 경영전략을 성공적으로 수행할 자격요건을 지닌 지원자를 바람직한 지원자로 간주, 선발하는 것을 말한다.

[그림 3-6] 선발과정

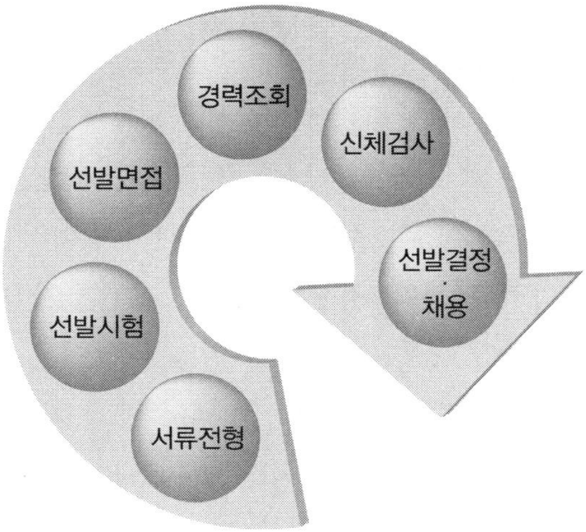

자료 : 함봉수·강상묵(2009), 서비스기업 인적자원관리, 백산출판사, p. 98.

각각의 인재관은 나름대로의 장단점을 지닌다. 예를 들어, 경력중심의 인재관은 기본적으로 종신고용제(life-time employment system)를 토대로 종업원의 애사심, 충성심 등을 제고할 수 있는 장점이 있다. 그러나 직무에 대한 의욕이 감소할 개연성이 있을 뿐 아니라 경쟁을 기반으로 한 능률이나 생산성의 향상은 기대하기 어려운 한계를 지닌다. 따라서 논리적으로 어떤 인재관이 보다 바람직한 인재관이라고 할 수 없기 때문에 현실적으로도 여러 인재관이 복합적으로 활용된다.

이상과 같은 인재관 확립 이후 기업은 본격적으로 선발과정에 들어간다. 실제적인 선발과정은 일반적으로 6단계를 거쳐 이루어진다. 그러나 기업의 상황이나 모집직무의 특성에 따라 몇 단계가 추가되거나 생략되기도 한다.

2. 선발의 절차(选拔的程序)

1) 서류전형(文件考核)

서류전형은 지원자가 제출한 지원서(application blank)를 검토함으로써 지원자의 학력, 경력, 어학능력, 가족사항 등 기본적인 인적사항을 중심으로 지원자의 객관적인 질(quality)을 평가하는 과정이다.

현실적으로는 각 직무별로 요구되는 학력, 경력 등 최소자격조건을 확인하는 과정으로 지원자가 제공한 정보가 사실인가 하는 신뢰성(reliability)과 지원자의 학력, 경력 등 지원서에 나타난 지원자 관련 내용이 직무성과(job performance)를 대변할 수 있는가 하는 타당성(validity)을 검증하는 중요한 절차라 할 수 있다.

실제 대기업의 경우 인적자원을 선발하기 위한 서류전형에서 전공과 학점, 외국어성적을 가장 중요시하고, 기업규모가 작을수록 자기소개서와 컴퓨터 활용 능력을 더 중요시한다. 외국계 기업의 경우 서류전형 시 전공 다음으로 토익, 토플과 같은 외국어 점수를 중요하게 평가하는 경향이 있다.

2) 선발시험(选拔考试)

선발시험(selection test)은 서류전형으로 파악할 수 없는 지원자의 자질이나 직무수행능력을 평가하는 과정이다. 기업은 평가 대상이 되는 자질이나 직무수행능력에 따라 지능과 계량적 능력 및 논리성 등을 평가하는 지적능력검사(mental ability test), 활동성 · 상상력 · 성실성 등을 평가하는 성격검사(personality test), 개인의 취미 · 관심사항 등을 평가하는 취미검사(interest test), 맡겨질 직무와 직접적으로 관련된 지식이나 기술 · 능력을 평가함으로써 직무수행에서 어느 정도 성과를 달성할 수 있을지를 판단하는 성취도 검사(achievement test) 또한 동작의 민첩성 · 균형능력 등 지원자의 육체적 능력을 판단하는 심리동작검사(psychomotor test) 등 다양한 선발시험을 지원자에게 제시할 수 있다.

어떤 선발시험이 보다 바람직한 지원자를 선발하는데 적절한가 하는 문제는 선발직무의 특성, 요구되는 자격요건, 기업철학 등 여러 요인에 의해 달라진다.

3) 선발면접(选拔面试)

선발면접(selection interview) 역시 지원자에 관한 정보를 수집할 목적으로 실시된다. 더욱이 선발면접은 성격, 외모, 지원동기 등 지원서나 선발시험을 통해서는 잘 드러나지 않는 지원자에 관한 정보를 제공하여 불명확한 지원자의 특성을 구체화하는 것은 물론 지원자에게 기업에 관한 정보를 제공하는 양방향 커뮤니케이션(two-way communication)을 통해 우수한 지원자를 유인하는 방법이 되기도 한다. 면접은 운영하는 기술과 구조 및 참가자수에 다음과 같은 유형으로 나눌 수 있다.

가. 구조화 정도에 따른 종류(按结构化程度分成的面试种类)

(1) 구조적 면접(结构的面试)

이것은 직무명세서를 기초로 하여 미리 준비된 질문항목에 따라 순차적으로 질문하여 피면접자의 의견을 청취하는 방법으로서 지시적 면접, 정형화된 면접 또는 유도적 면접이라고도 부른다.

구조적 면접은 내용이 미리 준비되어 있기 때문에 면접의 객관성과 신뢰성을 높일 수 있고 면접경험이 부족하거나 면접훈련을 받지 않은 면접자도 면접을 실시할 수 있는 장점이 있으나, 질문내용을 설정하는데 어려움이 있고 시간이 많이 걸리는 단점이 있다.

(2) 비구조적 면접(非结构的面试)

면접자가 질문을 하면 지원자가 형식에 구애받지 않고 자유로이 자기의 의사를 표현하게 함으로써 지원자에 대한 광범위한 정보를 얻을 수 있는 방법으로 비지시적인 면접 또는 비유도적 면접이라고 한다. 사람이 자유스럽게 말할 때 더욱 진실성을 나타내므로 충분한 정보를 얻는데 유효하기 때문에 많은 기업에서 비구조적 면접이 채택되고 있다. 그러나 면접자의 주관적인 성향의 질문에 대해 지원자가 편향적이고 호의적인 답변으로 일관하면 면접자는 판단에 혼란을 겪을 수 있으며, 따라서 고도로 훈련된 면접자를 필요로 하며 고도의 질문기법과 훈련이 요구된다.

(3) **반구조적 면접**(半结构的面试)

질문할 주요 내용을 사전에 준비하여 이를 중심으로 질문하면서도 약간의 융통성을 발휘하여 상황에 따라서 주요항목 이외의 질문도 할 수 있는 면접이다. 즉 구조적 면접과 비구조적 면접을 절충한 것이다.

나. 참가자의 수에 따른 종류(按参加人数分成的面试种类)

(1) **개별면접**(个别面试)

개별면접은 한 사람의 면접자와 지원자 간에 일대일로 행해지는 방법으로 가장 많이 시행되는 면접방법 중의 하나이다. 이 방법은 집단면접에 비해 한 개인에 대해서 많은 정보를 파악할 수 있는 장점이 있으나 많은 시간과 비용이 소요되며 다른 지원자와 비교하여 판단할 수 없다는 단점을 지니고 있다.

(2) **집단면접**(集体面试)

복수의 피면접자를 대상으로 집단별로 특정문제에 대해 자유토론을 할 수 있는 기회를 부여하고 토론과정에서 개별적으로 적격여부를 심사, 평가하는 것이다. 집단면접은 복수의 지원자를 동시에 평가할 수 있으므로 시간이 절약되고 비교가 용이하여 우수한 지원자를 쉽게 파악할 수 있는 장점이 있으나, 개별지원자가 가지고 있는 특성을 쉽게 파악할 수 없는 문제점도 있다.

(3) **패널(panel)면접**(面试)

다수의 면접자가 한 사람의 피면접자를 대상으로 집단적인 면접을 하면서 그 사람이 갖고 있는 자질이나 특징을 평가하는 방법이다. 전문직이나 경력직 종업원 등을 선발할 때 사용된다. 패널면접은 피면접자를 동시에 여러 면접자가 관찰하고 의견교환을 할 수 있기 때문에 지원자에 대한 보다 광범위한 조사를 할 수 있어 그 평가에 대한 신뢰도가 높다는 장점이 있다. 그러나 피면접자가 심리적으로 위축되어 자연스러운 반응을 하지 못하는 경우에는 평가의 정확성이 떨어지는 단점도 있다. 또한 다수의 면접자가 필요하기 때문에 다른 방법에 비해 비용이 많이 들고 집단면접보다 시간이 많이 소요된다.

다. 기타 면접방법(其他面试方法)

(1) 스트레스 면접(Steress面试)

이 방법은 제2차 세계대전 중 미 정보국의 요원을 선발하기 위하여 고안된 것이다. 면접자가 피면접자에게 공격적이고 모욕적인 질문을 하거나 퉁명스럽게 대하여 약올리고 당황하게 하여 피면접자의 감정이 매우 고조되었을 때 어떻게 반응하느냐를 알아보기 위한 것이다. 즉 스트레스 면접은 스트레스 상황 하에서의 스트레스 처리능력, 감정의 안정성과 좌절에 대한 인내성, 감정의 지배력 등을 관찰, 평가하는 방법이다. 그러나 이 방법은 선발되지 않는 지원자의 경우 회사에 대한 부정적 이미지를 갖게 하므로 회사가 지원자를 채용하려해도 그 응모자가 입사제안을 받아들이지 않게 되는 결과를 초래할 수 있다. 그러므로 이 면접은 스트레스를 잘 처리할 수 있는 영업직과 같은 경우에만 신중히 고려하여 사용하는 것이 바람직하다.

(2) 무자료(Blind)면접(面试)

무자료면접은 면접자가 피면접자의 출생지, 출신학교, 가정환경 등 개인정보에 대한 아무런 기초자료 없이 면접에 임하는 방법으로 백지면접이라고도 불리기도 한다. 이력서, 성적증명서, 자기소개서, 추천서 등을 배제함으로서 면접자가 면접 시 갖기 쉬운 편견과 현혹 효과를 배제하고, 지연과 학연에 따른 선입견을 없애고, 자원자를 있는 그대로 공정하게 평가하기 위한 것이다. 이러한 이점 때문에 최근 우리나라 기업들은 이 무자료 면접기법을 활용하고 있으며 앞으로 그 수가 늘어날 것으로 전망된다.

라. 역량중심면접(以力量为中心的面试)

아무리 우수한 역량을 가진 인재라 하더라도 그 역량 중 조직이 필요로 하고 조직의 발전을 위해 구체적으로 필요하지 않은 잠재역량까지 기업이 비용을 지불하며 모두 확보하는 것은 결국 기업의 수익성을 악화시킬 가능성이 크다고 볼 수 있다. 따라서 구체적으로 조직이 필요로 하는 역량에 적합한 적정인재를 찾아내는 것은 인사관리의 수익성을 강화시켜 주는 접근방법이라 할 수 있다.

역량 중심의 채용에 있어 중점적으로 활용될 수 있는 구조화된 인터뷰 기법은 주로 역량기반 행동적 인터뷰(competency-based behavioral interview)이다. 이는 과거성과나 행동패턴은 미래성과를 예측하는 좋은 기준이 된다는 가정 하에 과거의 특정상황에서 발휘한 행동을 각 직무에 필요한 역량에 초점을 맞추어 질문을 실시하는 구조화된 면접 형태이다.

개인의 과거 직무경험 중 성공이나 실패에 중요한 영향을 미친 과거 사건들의 구체적인 모습을 떠올리게 하여 당시에 발휘한 기술(skills), 행동, 대처 등에 대해 질문하는 것이다. 이러한 인터뷰 과정을 통해 지원자의 과거의 특정문제 상황에서 발휘한 기술, 지식, 능력을 포함한 역량 행동을 판단해 볼 수 있으며, 그 결과 지원자의 조직, 직무 및 직급이 필요로 하는 역량과의 적절성을 판단해 볼 수 있다.

역량기반 행동적 면접에서 중요한 요소는 세 가지이다.

첫째, 구조화된 질문이다. 해당 직무에 지원하는 지원자 간의 적합성 및 우수성을 객관적으로 평가하기 위해서는 질문에 의해 얻어진 내용이 서로 비교 가능하여야 한다.

둘째, 면접자의 역할이다. 상황에 대한 질문 후, 면접자가 수집해야 할 정보는 피면접자가 취한 행동으로 인한 결과이다. 따라서 면접자는 지원자가 자연스럽게 상황을 설명하고 결과에 대한 정보를 제공할 수 있게 만들어야 하며, 동시에 타지원자와의 객관적 비교를 위해서 이를 효과적으로 기록 또는 데이터화 하여야 한다.

셋째, 명확한 평가기준이다. 면접을 통해 기록 또는 데이터화된 피면접자의 행동 및 결과는 동일기준에 의해 평가되어야 한다. 하지만 역량에 대한 상대적 중요도의 결정은 좀 더 객관적이고 정량적인 평가비교방법이 수반되어야만 한다. 특히 면접자가 복수인 경우, 평가기준의 명확화는 매우 중요한 문제이다. 무엇보다 객관적 비교에 따른 결정만이 채용의 3대 조건인 정확성(accuracy), 형평성(equity), 수용성(buy-in)을 모두 만족시킬 수 있다.

[그림 3-7] 역량중심 채용 프로세스

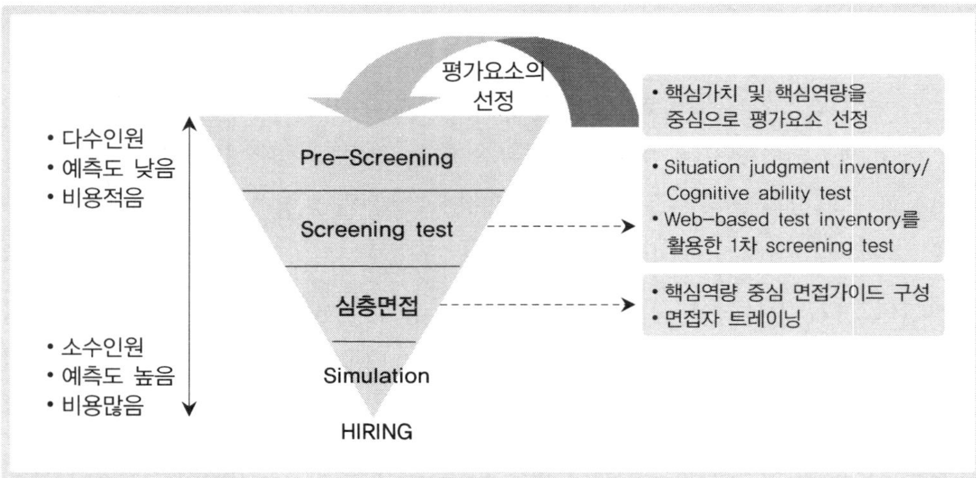

자료 : 송기영(2005), 채용관리의 중요성과 역량중심의 채용 프로세스 구축방안, 경총, http://www.mercer.co.kr

4) 신원조회(个人信息查询)

신원조회(reference check)는 지원서, 면접 등을 통해 드러난 지원자에 관한 자료를 중심으로 자료를 재확인하고 필요에 따라 추가적인 자료를 수집하는 과정이다. 예를 들어, 지원서상에 대인관계가 원만하다고 기록한 지원자의 경우 전 직장의 동료에게 지원자의 대인관계를 질문함으로써 지원자의 대인관계 정보를 확인할 수 있다. 또는 관련 공공기관에 전과기록 등을 조회함으로써 추가적인 정보를 수집할 수 있다.

또한 최근 들어 자격사항 및 경력, 학력 등의 위조문제가 이수가 되고 있어, 이에 대한 검증도 진행되고 있는 상황이다.

5) 신체검사(身体检查)

일반적으로 선발의 마지막 과정은 신체검사(physical examination)이다. 신체검사는 직무를 수행할 직무수행자로서의 육체적 능력 및 건강상태를 판단하는 목적은 물론 건강보험 등 항공사의 인적자원관리를 위한 실제적인 목적을 위해 실시된다. 신체검사에 있어서 중요한 점은 도어 어텐던트나 조리사와 같이 육체적인 능력이나 건강상태가 직무성과에 중요한 영향을 미치는 직무와 그렇지 않은 직무를 구분하여 신체검사의 목적이나 구체적인 측정항목을 달리해야 한다는 점이다.

3. 선발도구의 평가(评审选拔工具)

선발도구의 대표적인 평가기준은 일반적으로 신뢰성, 타당성, 실용성, 수용성 등과 같은 네 가지로 분류해 볼 수 있다.

첫째, 신뢰성(reliability)은 평가도구가 측정하고자 하는 내용을 명확히 측정하는 정도를 의미한다. 예를 들어, 지원자의 영어실력을 측정하는 경우에 TOEIC 성적도 높고, 영어 관련 학점도 높으며, 면접 시 영어발표에서도 상당한 실력을 보인 경우 지원자의 영어실력이 높다는 것은 신뢰할 만한 사실이 되는 것이다.

선발도구의 신뢰성을 측정하는 일반적인 방법으로는 동일 혹은 유사한 시험을 반복적으로 실시하는 시험-재시험 신뢰성(test-retest reliability), 지원자의 동일한 측면을 복수의 질문을 통해 내적 일관성(internal consistency reliability), 이밖에도 항목분할신뢰성(split-half reliability), 동등신뢰성(alternative from reliability) 등이 있다.

둘째, 타당성(validity)은 선발도구가 선발의 목표와 일치하는 정도 혹은 선발목표를 설명하는 정도를 의미한다. 예를 들어, 객실 승무원을 선발하는 경우 외국어능력을 선발의 중요한 기준 중 하나도 삼게 되는데, 이는 외국어능력이 객실승무원의 직무성과를 설명하는 중요한 기준이 되기 때문이다. 따라서 객실승무원 선발 시 외국어능력의 평가는 타당성을 지니게 된다. 그러나 시설직 직무를 수행하는 종업원을 선발하는 경우 외국어능력을 평가하는 것은 타당한 평가라고 할 수 없을 것이다.

셋째, 실용성(practicability)은 선발도구의 개발 및 도입 그리고 실행에 소요되는 비용과 적절한 선발도구의 활용과 이에 기반한 적절한 선발로 증가된 직무성과 및 부적절한 선발에 기인한 이직비용의 절감 등 편익을 비교하여 편익이 비용을 초과하여야 한다는 기준으로 비용과 편익을 비교한다는 관점에서 비용-편익분석(cost-benefit analysis)이라고 불린다.

넷째, 수용성(acceptance)은 피면접자가 평가의 내용과 과정이 적절했다고 믿는 정도를 의미한다. 예를 들어, 분명히 능력이나 자질 면에서 열등한 지원자가 선발되는 경우 선발의 수용성은 심각하게 저해된다.

이러한 수용성은 장기적으로 항공사의 이미지(image)에 영향을 미쳐 기업에 대한 외부 노동시장의 선호를 좌우하며, 낮은 수용성은 탈락한 지원자의 반감을 사게 되고, 항공사 내부적으로도 불합리한 인적자원 확보에 대한 노조의 반발과 종업원의 사기저하 등의 문제를 낳을 개연성이 있다.

4. 선발결정(选拔决定)

선발의 과정을 거쳐 최종적인 선발 여부의 결정인 선발결정(selection decision)이 이루어진다. 선발결정은 모든 지원자로 하여금 선발과정을 모두 거치게 한 후 선발결정이 이루어지느냐, 혹은 선발단계마다 선발결정을 함으로써 점차 지원자의 수를 줄여 나가느냐에 따라 모든 지원자를 상기한 선발의 단계를 통해 종합적으로 판단한다. 선발 여부를 결정하는 방법인 종합적 판단법과 각 단계마다 당락을 판단하여 해당단계를 통과한 지원자만을 대상으로 다음 단계를 진행하는 방법이 있다. 종합적 판단법과 단계적 제거법은 유능한 인재의 확보와 선발의 비용의 측면에서 구분되는 장 · 단점을 지닌다. 최종적인 선발이 이루어지면 선발된 지원자, 즉 신입사원은 일반적으로 조직사회화(organizational socialization)와 배치(placement)의 과정을 거쳐 구체적인 직무를 할당받게 된다.

제4절 항공사의 선발(航空公司的选拔)

1. 대한항공의 선발(大韩航空的选拔)

1) 인재상(人才相)

가. 진취적 성향의 소유자(进取的气质所有者)

항상 무엇인가를 개선하고자 하는 의지를 갖고 변화를 통해 새로운 가치를 창조해 내고자 하는 진취적인 성향의 소유자를 필요로 한다. 지금과 같이 급변하는 시대에 필요한 인재는 고정관념을 깨뜨리고 미래를 관리할 수 있는 진취적인 사람이다. 주어진 일에 대해 항상 무언가 개선하고자 하는 의지를 갖고 사람들의 머릿속에 고정관념의 틀을 깨며 항상 변화하고 발전을 꾀하는 진취적인 사람들과 대한항공은 미래를 준비하고자 한다.

나. 서비스 정신과 올바른 예절을 지닌 사람(具备服务精神和礼貌的人)

단정한 용모와 깔끔한 매너, 따뜻한 가슴으로 고객을 배려하는 서비스 정신과 올바른 예절을 지닌 사람이다. 항공사란 그 자체가 서비스의 결정체로 단정한 용모와 깔끔한 매너, 따뜻한 가슴으로 고객을 배려하는 모습은 모든 항공사들이 자기 직원에게 공통으로 바라는 이상적인 이미지이다. 항공사에 있어 주인정신과 프로정신은 바로 서비스정신으로 나타난다.

다. 국제적인 감각의 소유자(国际感所有者)

자기중심 사고를 탈피하여 세계의 다양한 문화를 이해할 수 있는 세계인으로서의 안목과 자실을 갖춘 국제적인 감각의 소유자를 원한다. 글로벌 항공사에서 일하고자 하는 사람에 있어 유창한 외국어 구사능력은 기본이다. 오늘날과 같은 국제화 시대를 이끌어 갈 사람은 어학실력, 열린 마음 및 넓고 깊은 문화적 지식과 이해를 지닌 세계시민이 되어야 한다. 그러나 단순히 외국어를 잘하는 사람보다 우리의 고유한 문화의식을 바탕으로 외국의 문화와 습관, 에티켓 등을 충분히 이해하여 깨끗한 매너로 상대방을 존중하는 가운데 품위 있고 자신 있는 대화를 나눌 수 있는 능력, 이것이 대한 항공이 원하는 것이다.

라. 성실한 조직인(诚实组织人)

작은 일이라도 책임감을 가지고 완수하며 원만한 대인관계를 유지해 나가는 성실한 조직인을 원한다. 거대한 조직의 구석구석에서 나사못과 윤활유 역할을 담당하는 성실한 일꾼이야말로 대한항공의 자산이다. 아무리 능력이 탁월해도 매사에 최선을 다하는 성실성이 없다면 어느 곳에서도 환영받을 수 없다. 대한한공은 일의 성과 못지않게 그 과정도 중시한다. 화려한 스타플레이어 못지않게 보조 플레이어의 성실한 역할을 높게 평가한다.

2) 신입 객실 승무원 선발(入客舱乘务员新人选拔)

가. 원서접수방법(申请书挂号方法)

- 대한항공 채용 홈페이지(recruit.koreanair.co.kr)를 통한 인터넷 접수

※ 우편, 방문접수 및 E-mail을 통한 접수는 실시하지 않음

나. 응시자격(应试资格)

- 전문학사 이상 학위를 보유한 분 또는 4년제 대학을 2년 이상 수료한 분
- 전공제한이 없으며, 학업성적이 우수하고 해외여행에 결격사유가 없는 분
- TOEIC 550점 이상 취득한 분
- 신장 162cm 이상, 교정시력 1.0 이상인 분

다. 전형절차(考核步骤)

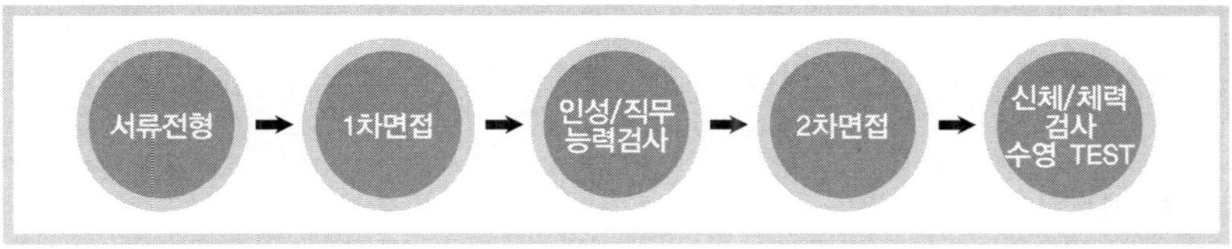

라. 제출서류(提交文件)

- TOEIC 성적표 원본 1부
- 최종학교 성적증명서 1부
- 졸업(예정) 또는 재학증명서 1부
- 기타 자격증 사본(소지한 분에 한함) 1부

마. 기타(其他)

- 국가보훈 대상자는 관계 법령에 의거하여 우대
- 서류전형 합격자는 채용 홈페이지에 별도 공지함
- 제출된 서류는 채용목적 이외에는 사용하지 않으며, 일체 반환하지 않음

3) 경력 객실승무원 선발(经历客舱乘务员选拔)

가. 원서접수방법(申请书挂号方法)

- 대한항공 채용 홈페이지(recruit.koreanair.co.kr)를 통한 인터넷 접수

※ 우편, 방문접수 및 E-mail을 통한 접수는 실시하지 않음

나. 응시자격(应试资格)

- 타 항공사 국제선 객실승무경력 1년 이상인 분
- 전문학사 이상 학위 소지한 분

- 전공제한이 없으며, 학업성적이 우수하고 해외여행에 결격사유가 없는 분
- TOEIC 550점 이상 취득한 분
- 신장 162cm 이상, 교정시력 1.0 이상인 분

다. 전형절차(考核步驟)

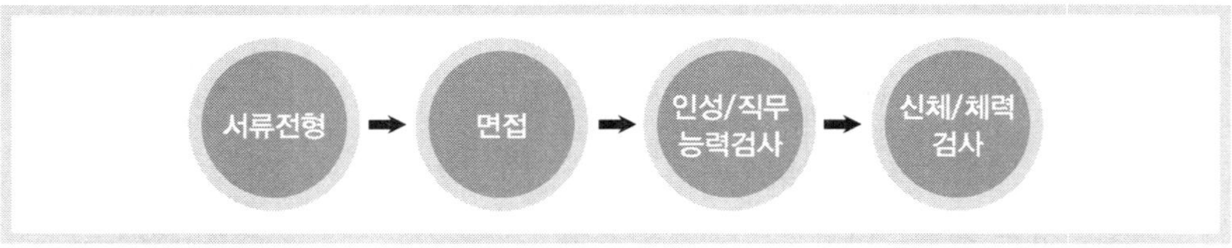

라. 제출서류(提交文件)

- 경력증명서 1부
- TOEIC 성적표 원본 1부
- 졸업증명서 및 최종학교 성적증명서 1부
- 기타 자격증 사본(소지한 분에 한함) 1부

마. 기타(其他)

- 국가보훈 대상자는 관계 법령에 의거하여 우대
- 서류전형 합격자는 채용 홈페이지에 별도 공지함
- 제출된 서류는 채용목적 이외에는 사용하지 않으며, 일체 반환하지 않음

[그림 3-8] 대한항공 경력 객실 여승무원 채용공고

경력 객실여승무원 모집 안내

세계 항공업계를 선도하는 글로벌 항공사를 지향하는 대한항공에서 국내선 및 국제선에 탑승하여 기내 안전, 서비스 업무를 수행할 경력 객실여승무원을 모집하오니 많은 지원 바랍니다.

1. 지원서 접수기간 : 2011년 1월 3일(월) ~ 2011년 1월 16일(일)

2. 지원서 접수방법

- 대한항공 채용 홈페이지(http://recruit.koreanair.co.kr)를 통한 인터넷 접수

※ 우편, 방문 접수 및 E-mail을 통한 접수는 실시하지 않습니다.

3. 지원 자격기준

- **타 항공사 국제선 객실승무경력 1년 이상인 분(교육기간 제외)**
- 전문학사 이상 학위 소지한 분
- 전공제한 없으며, 학업성적이 우수하고 해외여행에 결격사유가 없는 분
- **TOEIC 550점 이상 취득한 자(2009년 1월 이후 국내정기시험에 한함)**
- 신장 162cm, 교정시력 1.0 이상인 분

4. 처우

- 2년 이상 경력자 : 정규직 채용

7. 제출서류

- 경력증명서 1부
- TOEIC성적표 원본(2009년 1월 이후 국내정기시험에 한함) 1부
- 졸업증명서 및 최종학교 성적증명서 1부
- 기타 자격증 사본(소지한 분에 한함)

※ 서류전형 합격자에 한하여 제출

8. 기타사항

- 국가 보훈 대상자는 관계 법령에 의거하여 우대합니다.
- 서류전형 합격자는 2011.1.21(금) 채용 홈페이지에 별도 공지 예정입니다.
- 제출된 서류는 채용목적 이외에는 사용하지 않으며, 일체 반환하지 않습니다.

9. 문의처

- 대한항공 인재개발실(recruit@koreanair.com), 02-2656-7312/7325

자료 : http://recruit.koreanair.co.kr

2. 아시아나항공의 선발(韩亚航空的选拔)

1) 인재상(人才相)

가. 부지런한 아시아나인(勤奋的韩亚航空人)

※ 근면과 성실, 집념과 끈기로 목표달성을 위해 노력하는 아시아나인

- 근면하고 성실한 자세로 모든 일에 최선을 다한다.
- 목표를 반드시 달성하는 강한 의지를 갖는다.
- 한 템포 빨리 발상하고, 계획하고 행동한다.

나. 연구하고 공부하는 아시아나인(研考和学习的韩亚航空人)

※ 자기의 발전과 조식의 발전을 위해 항상 연구하는 아시아나인

- 자기의 완선을 위해 끊임없이 투자하고 학습한다.
- 조직의 발전을 위한 지식증진과 기술개발에 힘쓴다.
- 정보화 시대를 선도하기 위한 능력을 함양한다.

다. 적극적 아시아나인(积极的韩亚航空人)

※ 장기적인 안목을 가지고 긍정적인 사고를 하면서 매사에 적극적으로 대응하는 아시아나인

- 진취적, 긍정적으로 사고하고 생활한다.
- 매사에 책임감을 지니고 솔선수범한다.
- 자기 자신을 적극적으로 아끼고 사랑한다.

라. 서비스정신이 투철한 아시아나인(服务精神透彻的韩亚航空人)

※ 투철한 서비스정신으로 고객만족을 실현하는 아시아나인

- 고객의 입장에서 고객을 가족같이 생각한다.
- 서비스 영역을 구분하지 않는다.

- 나보다 고객을 중시한다.

2) 국내선 캐빈승무원(인턴) 선발(国内线路客舱乘务员选拔)

가. 근무조건(工作条件)

- 당사에서 기내안전 및 대고객 서비스 업무담당
- 인턴사원으로 1년간 근무 후 근무성적에 따라 정규직으로 전환
- 국내선 정규직 승무원으로 일정기간 근무 후 소정의 절차를 거쳐 국제선 승무원으로 전환

나. 응시자격(应试资格)

- 2년제 대학 이상 학력을 소지하신 분
- 기졸업 또는 졸업예정자
- 전공 : 제한 없음
- 어학 : TOEIC 또는 G-TELP 성적 소지자 우대(지원마감일 기준 2년 이내 국내 정기시험만 인정)
- 기내안전 및 서비스 업무에 적합한 신체조건을 갖춘 분
- 시력 : 나안시력 0.2 이상, 교정시력 1.0 이상인 분
- 학업성적이 우수하고 해외여행에 결격사유가 없는 분
- 남자의 경우 병역을 필하였거나 면제된 분

다. 전형절차(考核步骤)

On-line 지원 > 서류전형 > 1차 실무자 면접 > 2차 임원면접 > 영어시험, 건강검진 및 체력측정(수영 Test포함), 인성검사 > 최종(종합) 합격자 발표

라. 기타(其他)

- 국가보훈 대상자는 관계법에 의거하여 우대(취업보호대상자 증명원 제출 시)
- 제출된 서류는 일체 반환하지 않음
- 지원서에 허위기재 사실이 판명될 경우 전형중단 및 입사취소는 물론, 향후 당사지원 시 불이익을 당할 수 있습니다.

3) 국제선 캐빈승무원(인턴) 선발(国际线路客舱乘务员选拔)

가. 근무조건(工作条件)

- 당사 국제노선에서 기내안전 및 대고객 서비스 업무담당
- 인턴사원으로 1년간 근무 후 근무성적에 따라 정규직으로 전환

나. 응시자격(应试资格)

- 2년제 대학 이상 학력을 소지하신 분
- 기졸업 또는 졸업예정자
- 전공 : 제한 없음
- 어학 : TOEIC 550 또는 G-TELP(환산 시 2급 45% 이상) 성적표를 소지한 분 (지원마감일 기준 2년 이내 국내 정기시험만 인정)
- 기내안전 및 서비스 업무에 적합한 신체조건을 갖춘 분
- 시력 : 나안시력 0.2 이상, 교정시력 1.0 이상인 분
- 학업성적이 우수하고 해외여행에 결격사유가 없는 분
- 남자의 경우 병역을 필하였거나 면제된 분

다. 전형절차(考核步骤)

On-line 지원 ❯ 서류전형 ❯ 1차 실무자 면접 ❯ 2차 임원면접 (영어구술 TEST 포함) ❯ 건강검진 및 체력측정 (수영 Test포함), 인성검사 ❯ 최종(종합) 합격자 발표

라. 기타(其他)

- 국가보훈 대상자는 관계법에 의거하여 우대(취업보호대상자 증명원 제출 시)
- 제출된 서류는 일체 반환하지 않음
- 지원서에 허위기재 사실이 판명될 경우, 전형중단 및 입사취소는 물론, 향후 당사지원 시 불이익을 당할 수 있음

4) 국제선 경력직 승무원 선발(国际线经历客舱乘务员选拔)

가. 근무조건(工作条件)

- 당사 국제노선에서 기내안전 및 대고객 서비스 업무담당
- 계약직 승무원으로 일정기간 근무 후 근무성적에 따라 소정의 절차를 거쳐 정규직으로 전환 가능

나. 응시자격(应试资格)

- 경력 : 타 항공사 국제선 탑승경력 1년 이상인 분
- 학력 : 2년제 대학 이상 학력을 소지하신 분
- 전공 : 제한 없음
- 어학 : TOEIC 550 또는 G-TELP(환산 시 2급 45% 이상) 성적표를 소지한 분 (지원마감일 기준 2년 이내 국내 정기시험만 인정)
- 기타 : 건강검진 기준 및 해외여행에 결격사유가 없는 분
- 공인 영어성적 미소지자의 경우 면접 합격자에 한하여 모의 TOEIC실시
- 영어성적 우수자 우대

다. 전형절차(考核步骤)

On-line 지원 ❯ 면접 ❯ 건강검진 및 모의 토익 ❯ 최종(종합) 합격자 발표

라. 기타(其他)

- 국가보훈 대상자는 관계법에 의거하여 우대(취업보호대상자 증명원 제출 시)
- 제출된 서류는 일체 반환하지 않음
- 지원서에 허위기재 사실이 판명될 경우 전형중단 및 입사취소는 물론, 향후 당사지원 시 불이익을 당할 수 있음

[그림 3-9] 아시아나항공 신입 국내선 캐빈(인턴)승무원 채용공고

❑모집분야 및 모집인원

모집구분	/ 모집분야	/ 주요업무
신입인턴	국제선캐빈인턴	기내안전 및 대고객 서비스업무 담당

❑지원자격요건

자격구분	지원자격
학력	2년제 대학 이상 학위를 소지하신 분 중 기졸업 또는 2011년 8월 졸업예정이신 분(단, 2011년 2월 입사가 가능한 지원자에 한함)
전공	제한없음
신체조건	기내 안전 및 서비스 업무에 적합한 신체조건을 갖춘 분
시력	나안시력 0.2 이상, 교정시력 1.0 이상(라식 수술한 경우 3개월 이상 경과 조건)
병역	남자의 경우 병역을 필하였거나 면제된 분
기타	학업성적이 우수하고 해외여행의 결격 사유가 없는 분 외국어 성적표(TOEIC G-telp 등)는 소지자에 한하여 기재하며 성적 우수자는 전형시 우대함 ※ 해당 영어 성적 미기재시 1차 실무자 합격자에 한하여 모의토익 실시 ※ 부산 BASE 국제선 캐빈승무원(인턴) 채용과 중복지원은 불가합니다.

❑접수기간 및 접수방법

- ▸접수기간 : 2010년 12월 6일(월) 10:00 ~ 2010년 12월 22일(수) 17:00
- ▸마감일은 지원자의 급증으로 인해 지원서 접수가 원활하지 못할 수도 있으니 미리미리 접수하시기 바랍니다.
- ▸접수방법 : 채용정보 페이지 내 온라인 입사지원

❑전형절차 및 합격자 발표

▸전형절차

온라인 입사지원 ➡ 서류전형 ➡ 1차 실무자면접 ➡ 2차 임원면접/인성검사 ➡ 건강검진/체력측정 ➡ 최종 합격자발표 ➡ 입사

▸합격자 발표일
2011년 01월 05일(수) 17:00 이후

▸발표방법
채용 사이트를 통한 개별 조회

▸참고사항
* 1차 실무자 면접은 온라인 등록시 지원자가 선택한 응시지역 또는 당사가 지정한 지역에서 실시함 (서울, 부산, 광주)
* 체력측정시 수영 테스트는 자유형 25m 완영 조건임
* 임원면접시 인성검사 실시하며, 합격자에 한하여 체력측정 및 건강검진 실시

❑제출서류
▸국문 입사지원서(온라인 작성)
▸기타서류
- 어학성적표 원본
- 최종학교 졸업(예정)증명서(편입한 경우 편입 전 학교 증명서 포함)
- 졸업예정증명서 발급 불가시는 재학증명서 대체 가능
- 성적증명서(4.5만점으로 환산, 편입한 경우 편입전 학교 증명서 포함)
- 자격증사본
- 경력증명서
- 취업보호 대상 증명원(해당자)
- 기타 입사지원서에 기재한 내용을 증빙할 수 있는 서류

※ 상기 서류순서대로 합철, 1차 실무자 면접 합격자에 한하여 2차 임원면접시 제출함
※ 제출된 서류는 일체 반환되지 않습니다.

자료 : https://recruit.flyasiana.com

3. 대한항공과 아시아나항공의 객실 승무원 채용비교 (大韩航空和韩亚航空客舱乘务员录用比较)

국내 2대 항공사인 대한항공과 아시아나항공의 객실승무원 4개 직의 채용을 비교하면 〈표 3-1〉과 같다.

〈표 3-1〉 아시아나항공과 대한항공의 채용 비교

구분	아시아나 항공	대한한공
국내선 인턴 승무원	• 국내선 인턴 1년, 정직원 2년 후 국제선으로 전환 • 정직원 2년 근무 후 국제선 전환은 회사 사정에 따라 조정, 2년제/4년제 동시 채용하며 동일 호봉 적용	• 국내선(계약직) 2년 근무 후 국제선으로 전환 • 1년간 근무 후 근무성적 우수자에 한해 계약연장 가능하며, 입사 2년 경과 후 소정의 심사를 거쳐 정규직 전환
국제선 인턴 승무원	• 국제선 탑승 근무(인턴 1년) • 4년제 위주 채용하나 최근 2년제 채용	• 국제선 탑승 근무(인턴 2년) • 2년제/4년제 동시 채용하나 별도 호봉 적용

구분	아시아나 항공	대한한공
현장 실습생	제도 없음	• 2005년 5월 최초 도입 • 교육 2개월(5/6월), 비행 2개월(7/8월) • 실습 승무원만을 대상으로 실습기간 종료 후 임원면적을 통해 인턴으로 선발하거나, 인턴승무원 채용 시 임원면접 대상자에 포함시켜 면접기회 제공
국제선 경력직	• 주로 타사 항공 출신 채용 • 현재 계약직으로 근무하여, 정규직 전환 사례는 없음 • 계약기간은 1년+6개월/6개월로 운영됨	• 2년 이상 경력자 : 정규직 채용, 본인 희망 또는 면접결과에 따라 인턴 승무원으로 채용될 수 있으며, 이 경우 6개월 인턴 승무원 근무 후 소정의 심사를 통해 정규직 전환 • 1년 이상 경력자 : 인턴 승무원으로 채용, 1년 간 인턴 승무원 근무 후 소정의 심사를 통해 정규직 전환

자료 : 이경식·한정혜(2010), 스튜어디스 꿈 이루기, 집중과 선택, p. 76, 수정·보완.

제5절 채용 및 선발활동의 변화(录用及选拔活动的变化)

오늘날 항공사들은 글로벌 경쟁이 치열한 상황에서 '차별화된 인재'를 선발하기를 원한다. 이를 위해 항공사들은 과학적이고 체계적인 선발절차를 개발하여 운영하고 있으며, 채용방식에 있어서도 기업마다 개성과 고유성을 보이고 있다. 포스코경영연구소의 김현주 연구위원은 인재채용 및 선발활동들을 다음의 7가지로 분류하여 설명하고 있다.

1. 인/적성 검사의 활용성 강화(性格/职务能力测试活用性的强化)

인/적성 검사의 경우 과거에는 상식시험이나 전공시험과 같이 일종의 필기시험 성격으로 활용되기도 하였고, 단순한 참고자료로 쓰이는 경우도 많았다. 그런데 최근의 흐름은, 자사의 업무 특성이나 문화에 맞지 않는 사람을 가려내거나, 직장생활에 적응하기 어려운 특이자를 구분해 내는 용도로 쓰이는 경우가 많다. 다시 말해, 인·적성 검사가 그 본래의 적용 목적에 더욱 충실하게 사용되면서도, 당락에 영향을 줄 수 있는 도구로서 채택되고 있다는 것이다.

인성과 적성 모형의 경우는 아직도 삼성(SSAT)과 SK(종합적성검사) 등과 같은 회사는 자사 고유의 모형을 쓰는 경우가 있지만, 일반적으로는 널리 쓰이는 표준형 검사지를 그대로 쓰거나 일부 수정하여 쓰는 기업들이 갈수록 늘고 있다. 평가 결과는 전산을 통해 도출된 정보에 전문가의 분석 의견을 결합하는 방식으로 정리된다.

최근에는 자기 회사의 문화와 가치관 등을 주요 내용으로 하여 개발된 일종의 '특화형 검사지'를 기존의 인·적성 검사지와 별도로 개발하여 쓰는 회사들도 나타나고 있다. CJ는 BJI(Business Judgment Inventory)라는 고유의 가치적합성 평가도구를 쓰고 있고, Hynix는 반도체산업에 특화된 도구를 채택하고 있다.

2. 고유한 선발모형과 절차(原有选拔模型和程序)

선발절차 전반에 걸쳐 표준화된 모형(model)을 수립하는 기업들이 늘고 있다. 지원분야별 지식과 스킬에 대한 모형, 요구되는 직무역량(행동)에 대한 모형, 자사의 문화나 가치관에 대한 모형, 인성과 적성에 대한 모형 등과 같이 다양한 형태의 모형들이 있으며 모형들은 선발 프로세스와 긴밀히 연계되고 있다.

예를 들어, 지식과 스킬 모형의 경우는 서류전형 단계와 전문성면접 단계에서, 행동 모형의 경우는 직무역량 면접단계에서, 가치관 모형의 경우는 서류전형 중 자기소개 부분과 적합성 면접단계에서 평가되는 경우가 많다. 대부분의 선발에서는 고유의 모형을 개발하여 적용하려는 경향이 생기고 있다. LG전자는 채용절차 전반에 걸쳐 'LG전자 Way'를 연계하고 있고, POSCO의 경우 미션/비전에 근거한 인재상에 따라 모형을 개발하는 등 많은 기업들이 고유한 채용 및 선발 모형 개발을 위해 노력하고 있다.

각각의 선발 단계에서 나름의 모형과 평가 요소들을 갖고 있기 때문에 Filtering

개념으로 운영되는 경우가 많다. 과거에는 선발 단계의 점수들을 합산한 총점으로 당락을 결정하는 경향이 강했지만, 최근에는 Filtering 방식을 운용하여 단계별로 '과락(pass/fail)' 개념을 적용하는 경향이 강해지고 있다. 종합 점수상으로는 합격이지만 특정 단계에서 매우 저조한 점수가 나오면 다른 단계들의 결과들에 관계없이 탈락될 수도 있다. 이는 기업들이 평가요소들 간의 균형성에 무게를 두고 있기 때문이다.

3. 서류전형의 체계화(文件考核的系统化)

서류전형 단계에서는 학점, 어학점수와 정량적 항목들은 전산을 통해 자동으로 산출하고, 자기소개와 같은 정성적 분야의 경우 현업 부서가 참여하거나 표준화된 평가기준을 수립하여 적용하는 방식을 통해 체계화되고 있다. 예를 들면, 인터넷에 유포되고 있는 전형적인 자기소개서들을 분석한 후 개성 없이 천편일률적으로 작성된 경우에는 감점을 준다거나, 지원분야별로 자기소개서 평가기준을 수립하여 현업 평가위원들에게 제시하는 방식이 많이 쓰인다. 예를 들면, SK텔레콤의 경우는 직무경험, 해외연수, 수상경력, 사회봉사 활동 등은 수립된 기준에 따라 지원분야(Career Field)별 현업위원들이 주도하여 평가한다.

4. 모집채널의 다양화 · 글로벌화(招聘方法的多样化、世界化)

항공사는 채용 규모가 결정되면 모집활동이 시작된다. 모집방법은 캠퍼스별 모집, 전문분야별 모집, 인터넷 모집, 채용전문회사를 통한 모집 등과 같이 갈수록 다양화되고 있다. 우수인력을 확보하기 위해 추천 채용, 해외유학생 채용 등을 일반 공개채용과 별도로 시행하는 경우도 늘고 있고, 그룹사 채용방식에서 탈피하여 계열사별, 사업부별 채용방식도 증가하고 있다. 특히 해외지역별로 전략적인 개념의 채용방식도 확산되고 있어 진출지역별로 모집 채널을 현지 특성에 맞게 발굴하려는 노력도 활발하다. 예를 들어, SK그룹과 LG그룹, 삼성그룹 등은 해외 장학프로그램과 진출지역별 채용전략을 연계하고 있다. 이와 같은 경향은 경영전략에 따라 채용 소요를 도출하고 채용의 목적별로 최적의 모집채널을 확보하기 위한 노력의 일환이다.

5. 적합성 면접과 임원평가 비중의 축소 (合适性面试和高级管理人员评价比重的缩小)

최근 들어, 지원자들이 조직의 가치나 문화에 적합한지에 대해서도 면접을 통해 평가하는 기업이 늘고 있는데, 이런 경우를 통상 '적합성 면접'이라고 한다. 가치 또는 문화 적합성은 인 · 적성 검사만으로 평가할 수도 있지만, 인 · 적성 검사를 통해 파악하기 어려운 측면은 면접을 통해 검증하려는 것이다. 한편, 역량 면접이나 전문성 면접이 실무자 또는 중간관리자 중심으로 진행되는 경우가 많은데, 적합성 면접은 통상 회사의 전략과 기업문화에 대해 통찰력이 있는 임원급 고위관리자들이 맡는 경우가 많다. 포스코, 삼성전자, SK(주) 등이 대표적 사례기업들이다.

적합성 면접과 관련하여 신입사원 면접에서 발견할 수 있는 또 다른 경향이 있는데, 과거보다 임원들이 면접 절차에서 차지하는 비중이 줄어들고 있다는 것이다. 과거에는 임원들이 앞 단계의 결과들을 참고하여 당락 여부를 최종 결정하는 경우가 많았으나, 최근에는 평가단계별로 평가 요소들을 분배한 후 임원들은 적합성과 같은 일부 평가요소들에 집중하는 경우가 많아지고 있다. 이는 면접위원별 특성에 따라 평가요소를 차별화함으로써 채용의 투명성과 공정성을 높이기 위한 것이다.

6. 면접 전문인력 양성(养成面试专家)

아무리 평가절차와 도구들을 잘 개발해 놓아도 개발취지와 목적에 충실하게 활용할 수 있는 사람이 없으면 아무런 소용이 없다. 외부 전문기관들과 협력하여 모형, 절차와 도구 등은 개발할 수 있었지만 이를 활용할 수 있는 전문인력을 육성해

놓지 않아 활용에 실패하는 경우가 많다. 이런 이유로 많은 기업들이 사내에 면접 전문가 Pool을 지원분야별로 구축하고 있고 면접 참여도나 실적을 인사에 연계하기도 한다. 이는 채용이 회사 전략에서 차지하는 비중이 그만큼 커지고 있다는 증거이다. 예를 들어, 삼성전자의 경우 신입사원 면접 전문가들을 육성하고 이들의 면접 참여 활동을 업적평가에 반영하고 있다. 포스코와 CJ, 국민은행, LG전자 등은 짧게는 하루에서 길게는 3박 4일에 이르는 다양한 교육을 통해 면접전문가들을 양성하여 면접에 주도적으로 참여하도록 하고 있다.

7. 역량〈행동, 지식, 스킬〉 중심의 면접 (以力量〈行动、知识、业务能力〉为中心的面试)

몇 년 전까지만 해도 선진국에서나 구경할 수 있었던 다양한 형태의 과학적인 선발기법들이 확산되고 있다. 특히 평가센터(assessment center) 방식을 응용한 '역량면접'을 채택하는 기업들이 많다. 역량면접은 평가의 객관성과 변별력을 높이기 위해 사전에 수립된 정교한 평가기준에 따라 실제 관찰된 행동에 의거하여 평가하도록 함으로써 면접자의 주관성과 피면접자의 거짓대답을 최대한 배제할 수 있도록 하는 방법이다.

역량면접의 경우 기업마다 매우 다양하여 단순히 역량 면접용 질문지만 개발하여 쓰는 경우에서부터 모의수행평가(Simulation) 도구들을 회사 특성에 맞게 개발하여 쓰는 경우에 이르기까지 다양하다. 가장 많이 활용되는 Simulation으로는 집단토론(Group Discussion)과 분석발표(Analysis & Presentation), 문서처리(In-basket) 등이 있다. Simulation들은 유형별로 기본 형식과 개발 원리는 비슷해 보이지만 실제 적용되는 내용과 형태는 채용의 목적과 기업에 따라 달라질 수 있다.

예를 들어, 포스코의 집단토론은 6인 1조로 지원자를 편성하여 개개인에게 서로 다른 역할을 부여하여 토론시킨다. 국민은행의 분석발표는 문제 해결형 주제를 주고 논술을 작성하게 한 후 발표시킨다. 이 밖에도 삼성, CJ, 신세계, 대우, 태평양, 국민은행 등이 이런 도구들을 자사 특성에 맞게 활용하고 있다. 역량면접은 다른 면접방식에 비해 도구개발에 많은 시간과 비용이 투입되고 전체적인 배점 비중도 가장 높은 편인데, 이는 그만큼 높은 변별력을 발휘할 수 있는 평가도구로 인정되기 때문이다.

역량면접의 경우 관찰과 대화를 통해 확인될 수 있는 '행동요소'를 평가하는 데에 적합하기 때문에, 전문지식이나 스킬의 평가에 역점을 둔 별도의 면접방식도 늘어나고 있는데 이를 통상 '전문성 면접'이라고 부른다. 삼성전자의 경우 전공분야별 현장사례들을 난이도에 따라 문제은행식으로 구성한 후 지원자들이 그에 대한 해결책을 작성하여 발표하는 면접이 있다. 포스코의 경우 지원분야별로 전문성을 평가하기 위한 표준 질문들을 개발하여 전문성 면접에 활용하고 있다.

최근의 채용 및 선발의 변화는 단순히 일시적인 현상이 아니며, 사람을 진정한 경쟁우위의 원천이며 채용은 이를 위한 출발점이고 근간이라는 근본적인 인식의 전환이 뒷받침된 결과로 해석할 수 있다. 따라서 다른 경쟁기업이 어떤 채용방법을 사용하는지에 관심을 기울이기보다는, 우리 기업의 전략에 맞는 인재를 어떻게 채용하는 것이 적합한 것인지 고민하여 일관되게 적용하는데 더욱 큰 관심과 노력을 기울여야 할 것이다.

[그림 3-10] 국내기업 신입사원 선발프로세스의 Best Practice

평가방식 / 평가차원	서류 전형	표준형 검사지	특화된 검사지	역량면접 (1)	역량면접 (2)	전문성 면접	적합성 면접
자력 (이력)	●					○	○
인·적성		●	◑				○
행동역량	○			●	●	◑	
지식/스킬	○			◑	◑	●	
가치관	○		●				◑

: Test 방식 : 면접 방식 : 기타 방식

낮은 구조화 ○ ◑ ● 높은 구조화

자료 : EBS CEO 특강 제작팀(2009), CEO특강-도전하는 젊은이, p. 244.

제3장

인적자원 모집과 선발의 요약
(对招聘和选拔人力资源的概括说明)

항공사의 종업원 채용은 경영환경에 따라 더 채용해야 하거나 기존의 종업원이 불필요해질 수도 있어 매우 유동적이다. 항공사는 이러한 상황에 맞추어 종사원의 수요와 공급을 조정하여 인적자원 수를 계획하거나 준비해야 한다.

인적자원은 양적 · 질적인 수요의 예측은 외부환경을 분석하여 계획하게 되며, 인적자원계획이 수립되면, 모집활동을 한다.

모집활동은 모집원천(recruitment source)을 기준으로 외부모집과 내부 모집을 한다. 모집된 지원자들 중에서 선발(selection)을 하게 되는데, 선발절차는 일반적으로 서류전형, 선발시험(selection test), 선발면접(selection interview), 신원조회(reference check), 신체검사(physical examination)가 있고 그 결과에 의해 최종 선발된다.

대한항공의 신입객실 승무원 선발은 서류전형, 1차 면접, 인성/직무능력 검사, 2차 면접, 신체/체력검사, 수영테스트를 거친다. 경력객실 승무원 선발은 타 항공사의 경력이 있는 객실승무원 중에서 선발하는 것으로, 서류전형, 면접, 인성/직무능력 검사, 신체/체력검사를 한다.

航空公司对从业人员的招聘根据经营环境的不同流动性很强、有时需要招聘更多的人员、有时现有的从业人员也可能会多余。航空公司应该根据情况调整从业人员的需求和供应、规划人力资源的数量并进行准备工作。

人力资源部门应该在分析外部环境后、对数量和质量方面的需求进行预测并制订计划、制订人力资源计划后进行招聘活动。

招聘活动从招聘源(recruitment sourc) 方面来看分为外部招聘和内部招聘、从报名者中选拔(selection)的选拔程序一般分为文件考核、选拔考试(selection test)、选拔面试(selection interview)、个人信息查询(reference check) 和身体检查(physical examination)、并根据其结果最终选拔。

大韩航空对新客舱乘务员的选拔要经过文件考核、初试、性格/职务能力测试、复试、身体/体力测试、游泳测试过程。有经验的乘务员选拔是在曾经在其他航空公司工作的客舱服务员中选拔、选拔程序分为文件考核、面试、性格/职务能力测试和身体/体力测试。

Chapter 04

교육·훈련(培训)

Chapter 04

교육 · 훈련(培训)

제1절 교육 · 훈련의 이해(培训的理解)

박재풍(2009)은, 최근 관심이 고조되고 있는 전략적 인력개발의 목표를 외부환경의 불확실성에 대처하기 위해서 조직 내에서 학습조직을 구축함으로써 조직의 역량을 강화하고 전략적 목표달성을 위한 토대를 마련하는 것이라고 하였다. 따라서 종사원을 기업의 중요한 자산으로 보고 교육 · 훈련을 통해 그 가치를 높일 수 있으며, 교육 · 훈련에 대한 투자는 인적자원 개발에 있어 가장 중요한 투자로 조직전체에 많은 효용을 창출한다.

교육 · 훈련은 종업원의 정신적 · 육체적 능력과 성과창출 의지 및 태도에 직접적인 자극을 가함으로써 정신적 · 육체적 능력과 성과창출 의지 및 태도를 향상시키는 제활동을 의미한다. 따라서 교육 · 훈련은 전환배치(transfer), 승진(promotion), 강등(demotion) 등 새로운 직무를 부여하고 이를 수행하는 과정을 통해 간접적으로 필요한 능력이나 태도를 습득하는 간접적인 인적자원 개발 · 유지활동인 경력개발(career development)과 구분된다.

[그림 4-1] 교육 · 훈련 · 개발의 비교

훈련 (Training)	단기적 학습 해결책, 현 직무에 관련된 학습
교육 (Education)	중장기적인 학습해결책, 현 직무보다는 미래의 직무를 위하여 개인을 준비시키는 학습
개인 개발 (Individual Development)	장기적인 학습 해결책, 구체적인 현재나 미래의 직무에 관련되지 않지만 개인의 성장을 위한 학습
경력 개발 (Career Development)	개인과 조직 요구에 맞추기 위하여 개인의 경력계획과 경력관리를 조정하는 일
조직 개발 (Organizational Development)	조직단위의 내부뿐만 아니라 조직단위 사이의 건전한 관계유지와 조직변화와 혁신을 촉진하는 일

자료 : 저자 작성.

교육 · 훈련의 목적은 기업의 목적달성을 위해 조직 구성원으로 하여금 필요한 지식과 기술을 습득하게 만드는 것이며, 종업원의 능력개발을 통한 성과의 향상으로 이어지게 하는데 그 목적이 있다. 즉 교육 · 훈련은 단기적 또는 장기적 성과를 향상시키기 위하여 이에 필요한 자질과 능력상의 변화를 목적으로 한다.

따라서 교육 · 훈련은 다음과 같은 두 가지 측면에서 효과를 만들어낼 수 있다. 첫째, 경제적 효율성 측면으로, 능력 있는 인재를 육성함으로써 사내기술을 축적할 수 있으며, 필요인력을 사내충원이 가능하게 되어 인적자원 확보에 따른 비용과 노력을 줄일 수 있다. 또한 성과창출을 위한 종업원의 능력과 직무수행방법 등을 개발 · 유지함으로써 생산성향상에 기여할 수 있으며, 조직의 종업원 개인의 목표를 일치시키는 역할을 하기도 한다. 그밖에 배치의 유연성 확보, 경영상 문제의 통찰력 제고, 기업이미지 개선 등의 효과가 있다.

둘째, 사회적 효율성의 관점에서 능력향상을 통한 승진기회를 제공하고, 다양한 능력과 기술의 습득을 통해 노동시장의 경쟁력을 높여준다. 또한 높은 수준의 기술과 능력을 습득함으로써 종업원의 성장욕구를 충족시켜주며, 커뮤니케이션과 인간관계 증진을 통해 노동 및 직장에서의 소외를 감소시키고 이를 통해 직무만족을 증대시킨다.

이와 같은 교육 · 훈련의 목적을 요약하면 다음과 같다. 첫째, 새로운 종업원에게 조직과 직무에 대한 이해를 돕고, 둘째, 종업원들이 현재의 직무를 잘 수행하도록 도우며, 셋째, 종업원들이 미래의 직무에 대한 자격을 갖도록 돕는다. 넷째, 종업원들에게 조직의 변화에 대한 정보를 제공하고, 다섯째, 개인적인 발전의 기회를 제공한다.

[그림 4-2] 교육 · 훈련의 목적

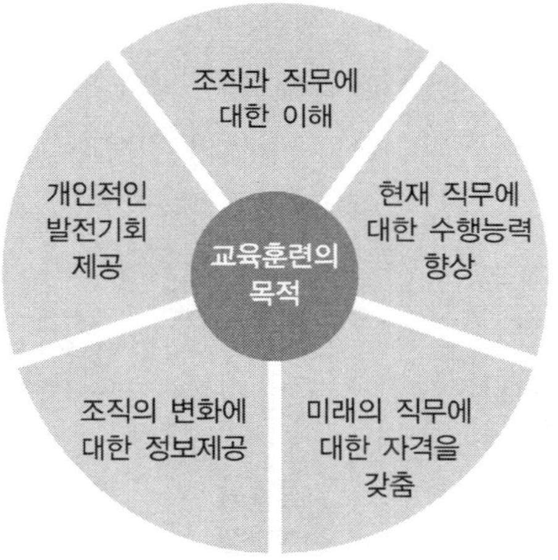

자료 : 함봉수 · 강상묵(2009), 서비스기업 인적자원관리, 백산출판사, p. 117.

제2절 교육 · 훈련의 전개과정(培训的开展过程)

교육 · 훈련은 일반적으로 단일한 프로그램보다 체계적인 과정으로 이루어져야 한다. 이러한 일련의 교육과정은 교육에 대한 필요성 평가나 문제인식에서부터 시작되어 교육 · 훈련의 설계 및 평가에 이르는 과정을 거치게 된다.

1. 교육 · 훈련의 필요성(培训的必要性)

문제인식은 고객의 요구에 따른 기대와 실제 발생되는 결과 사이의 차이(gap)에서 발생한다. 따라서 대부분의 교육프로그램은 고객들의 불만에 의해서가 아니라 경영자나 종업원에 의해서 확인된 문제점 파악에서부터 생겨난 결과들이므로 교육 · 훈련 프로그램에 대한 필요성과 그에 대한 평가 및 개발 등에 대한 정확한 문제인식이 먼저 이루어져야 한다. 교육 · 훈련의 전개과정은 [그림 4-3]과 같다.

[그림 4-3] 교육 · 훈련의 전개과정

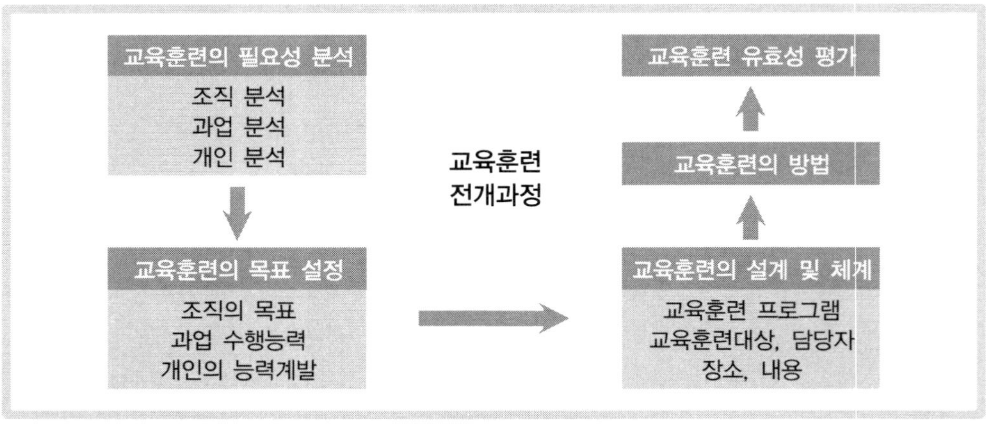

자료 : 함봉수 · 강상묵(2009), 서비스기업 인적자원관리, 백산출판사, p. 124.

2. 교육목표의 설정(培训目标的设置)

교육의 목표는 반응지향적(reacrion based), 습득된 학습, 직무수행, 결과 지향성 등의 네 가지 범주고 구분된다.

첫째, 반응지향적 목표란 피교육자가 교육 후에 어떤 궁극적인 결과를 지향하는 것이 아니라 교육의 과정을 통해 조직이나 개인에게 어느 정도의 기여를 목표로 하는 것이다. 예를 들어, 여성근로자들에게 화장하는 방법을 교육한다든지, 서비스정신교육을 한다든지, 금연교육을 실시하는 것과 같은 경우이다.

둘째, 습득된 학습은 교육프로그램을 통해 무엇인가를 학습하도록 하는 목표를 의미한다. 예를 들어, 대리급 이상의 관리자들을 위한 교육프로그램에서 노동관계법 중 근로기준법을 취업규칙과 비교하여 학습시키는 경우 같은 것이다.

셋째, 직무수행과 관련된 목표는 서비스기업의 교육목표 중 가장 일반적인 목표라고 볼 수 있다. 예를 들어, 신입 연회판촉직원에게 연회견적서 작성방법을 교육하는 경우의 목표는 이 직원이 직무를 수행하는 데 필수불가결한 지식, 기술, 능력을 교육하기 위한 것이다. 마지막으로, 결과지향적인 목표는 세 번째의 직무수행과 관련이 깊은 목표로서 승객을 몇 분 내에 체크인 시킨다든지, 여행사의 투어 컨덕터에게 소비자의 불평건수를 몇% 미만으로 유지할 수 있도록 교육시키는 경우를 의미한다.

3. 교육기준의 설정(培训基准的设置)

교육의 필요성 분석을 통해 교육목표가 설정되면 다음 단계로 성공적인 교육성과의 기준의 설정이 필요하다. 이러한 교육의 성과기준은 교육과정을 통해 무엇을 얼마나 배웠는지 측정할 수 있는 토대가 되는 것이다. 즉 교육기준은 교육목표를 달성하기 위한 보다 구체적인 교육성과 측정을 위한 가이드라인이다. 예를 들어, "소비자 불평건수 5% 감소"의 교육목표 달성을 위해서 지상직 직원의 경우 승객이 공항에 도착하여 탑승수속을 마칠 때까지 시간을 몇 분 이내로 설정하여 이것을 달성하도록 교육시키는 경우를 의미한다.

4. 교육 참가자의 선정(培训参加者的选定)

교육 · 훈련은 교육에 참가한 종업원들에 의해 그 프로그램이 성공적인지 아닌지 결정된다. 참가자 선정은 다단계 프로그램, 즉 다양한 교육프로그램단계에 따라 지속적으로 수행되어질 수 있다. 기업의 교육 · 훈련의 참가자 선정은 승진, 임금상승, 상여금 부여 등과 관련이 높으므로 노동관계법, 단체협약, 취업규칙, 고용계약 등을 신중하게 고려하여야 한다.

5. 참가자 예비테스트(参加者预备测验)

훈련을 실시하기 전에 확인된 지식, 기술, 능력의 기준이 없기 때문에 훈련실시 전과 후의 실행결과를 비교하기 어렵다. 따라서 예비테스트 하는 동안에 한 그룹은 교육 전과 교육 후에 두 번의 테스트를 받게 하고, 다른 그룹은 단순히 교육프로그램의 전후로 하여 두 번의 테스트를 받게 하되 그들은 교육을 시키지 않는다. 이 두 번째 그룹을 통제그룹이라 하고 이런 유형의 테스트를 통제그룹을 통한 계획된 예비테스트-효과측정 테스트라 한다.

교육을 받은 그룹과 교육을 받지 않은 그룹을 비교 · 평가함으로써 그 교육프로그램의 효과를 분명히 파악할 수 있다. 만약 참가자들을 두 그룹으로 나누기 불가능하면 교육대상 집단에 대해서만 교육 전과 후에 두 번 모두 테스트해야 한다.

이 방법에 의해서도 교육대상의 기술, 능력, 지식의 변화는 충분히 평가 할 수 있다. 즉 가장 중요한 것은 교육 후만이 아니라 교육 전에도 반드시 예비 테스트를 실시하여야 하는 것이다.

제3절 교육 · 훈련의 구성(培训的构成)

1. 교육 · 훈련 내용의 선정(培训内容的选定)

교육 · 훈련 프로그램의 내용은 교육 · 훈련의 구체적이고 개별적인 목적에 따라 달라질 수 있다. 그러나 [그림 4-4]에서 보는 바와 같이 본질적으로 교육 · 훈련은 종업원의 능력 개발과 의욕 개발을 중심으로 이루어진다. 그 주요 이유는 종업원이 직무수행을 통해 창출하는 성과는 바로 종사원의 능력과 의욕에 따라 좌우되기 때문이다. 다시 말해서, 교육 · 훈련의 궁극적인 목적이라고 할 수 있는 개인의 성과향상은 종업원 의욕과 능력이 향상될 때 가능하다는 것이다.

따라서 교육 · 훈련은 직무수행을 위한 기술이나 기능을 개발하는 능력개발과 직업의식, 책임의식 등을 개발하는 의욕개발로 구분된다. 하지만 현실적으로 하나의 교육 · 훈련 프로그램이 종업원의 능력개발만을 위해 또는 의욕개발만을 위해 활용되기 보다는 복합적으로 사용된다.

[그림 4-4] 내용에 따른 교육 · 훈련 프로그램 구분

자료 : 이수광 • 이재섭(2003), 서비스산업의 인적자원관리, 대왕사, p. 251.

2. 교육 · 훈련 실시자 분류(培训实施者分类)

1) 작업집단구성원에 의한 교육 · 훈련(由工作集团成员的培训)

작업집단구성원에 의한 교육 · 훈련은 부여받은 직무를 수행하면서 직무수행과정을 통해 상사 · 선배 · 동료 등 작업집단구성원으로부터 직무수행에 필요한 기능이나 지식을 교육 · 훈련받는 방법으로 일반적으로 OJT(on the job training)라고 부른다.

2) 전문가에 의한 교육 · 훈련(由专家的培训)

교육 · 훈련을 전문가가 행하는 것으로서 일반적으로 교육 · 훈련 대상자가 시간적 · 공간적으로 현재 수행하는 직무를 벗어난 곳에서 실시되므로 Off JT(off the job training)라고 부른다.

3) 종업원 본인에 의한 교육 · 훈련(自我培训)

종업원 스스로 교육 · 훈련을 주관하는 경우로서, 교과내용 및 기법을 선정해 줄 수도 있고 스스로 정할 수도 있으며, 자기개발(self development)이라고 한다.

〈표 4-1〉 교육 · 훈련 유형에 따른 장 · 단점

구분	장점	단점
작업집단 구성원에 의한 교육 · 훈련	• 훈련이 실무와 연결되어 매우 구체적 • 교육 · 훈련 대상자와 상사/동료 간의 이해 및 협동정신을 제고시킴 • 교육 · 훈련대상자의 개인별 능력에 따라 훈련의 진도조정 용이	• 교육 · 훈련 실시자의 교수능력이 부족한 경우 학습효과가 제한적임 • 한 번에 다수의 종업원 교육 · 훈련 불가능 • 교육 · 훈련의 범위에 한계가 있음
전문가에 의한 교육 · 훈련	• 교육 · 훈련에만 몰두 학습효과가 높음 • 교육 · 훈련 전문가가 교육 · 훈련 실시자가 되기 때문에 학습교화가 높음 • 동시에 다수의 인원을 교육 · 훈련 가능	• 교육 · 훈련 내용과 실무와의 갭(gap) 발생 • 개인별 능력에 따른 진도조정 어려움 • 교육 · 훈련비용이 많이 발생함

구분	장점	단점
종업원 본인에 의한 교육 · 훈련	• 교육의 전 과정을 대상자 자신이 관리 • 교육 · 훈련의 진도를 마음대로 조정 가능	• 학습효과가 제한적임 • 학습의욕이 떨어질 경우 개선이 어려움

자료 : 김윤태(2008), 호텔 외식산업 인적자원관리, 대왕사, p. 181.

3. 교육 · 훈련 대상자 분류(培训对象分类)

교육 · 훈련의 대상자는 피교육자를 의미하는 것으로 기업을 구성하는 인적자원에는 크게 3가지의 계층이 있다. 이들은 신입사원, 작업자, 관리자로 구분된다.

1) 신입사원(新职员)

신입사원에 대한 교육 · 훈련의 목표는 성공적인 조직사회화와 직무수행능력의 제고라고 할 수 있다. 다시 말해, 낯선 환경에 첫 발을 내딛는 신입사원으로 하여금 새로운 경험에 의한 충격을 완화시키고 조직에 점차적으로 적응시키는 것이다. 신입사원이 학습하는 데는 여러 가지의 교육 · 훈련의 방법이 필요하고 구체적인 방법에는 멘토시스템과 강의법이 있다.

가. 멘토시스템(Mentor Sistem)

멘토(mentor)는 '경험 많은 선배가 동료 또는 신입사원에게 그가 이미 조직에서 터득했던 지혜와 경험을 전해 주는 사람'이란 의미로 통용되고 있다. 기업조직에서 멘토는 후배 종업원들에게 역할모델을 제공할 뿐만 아니라 도전적 직무부여, 상담 및 조직에 대한 지식제공 등을 통해 그의 대인 관계개발 및 경력관리에 도움을 주는 자'로 이해되고 있다.

멘토시스템의 장점으로는 첫째, 신입사원은 멘토로부터 신입사원이 조직에 적응하는데 필요한 정보인 기존 구성원의 인적사항, 조직 내 권력구조 및 조직의 문화 그리고 조직에서 갖추어야 할 기본자세와 태도 등에 관한 교육을 통해 새로운 환경에 빨리, 그리고 쉽게 적응할 수 있도록 한다.

둘째, 심리적 상담 및 개인적 지원활동으로 신입사원이 조직 내에서 겪는 어려운 일들에 대해 멘토는 이를 지원하여 심리적 · 사회적 안정감을 얻도록 도와준다. 그러나 이러한 멘토시스템 자체가 멘토의 직무수행에 방해가 될 수 있으며, 비공식적인 멘토의 경우 조직 내 파벌생성의 원인이 될 수 있으며, 멘토의 능력에 따라 교육 · 훈련의 효과가 좌우되는 등의 한계를 지닌다.

[그림 4-5] 신입사원을 위한 멘토링 프로그램 운영단계

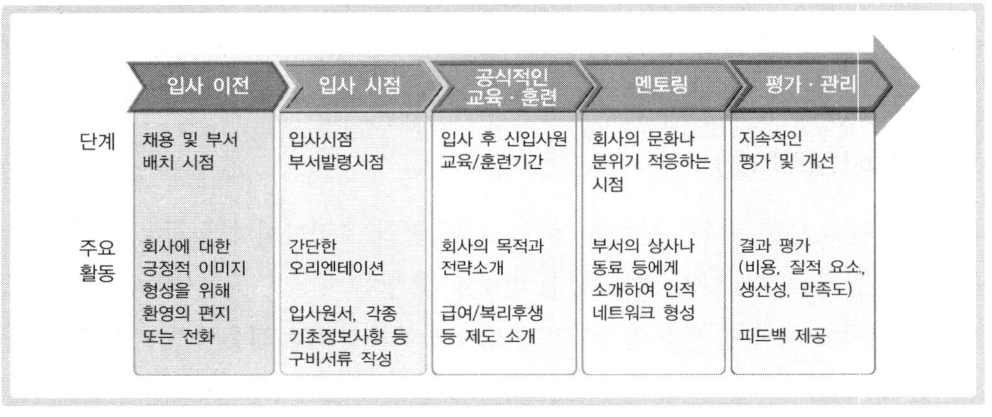

자료 : 함봉수 · 강상묵(2009), 서비스기업 인적자원관리, 백산출판사, p. 130.

나. 강의법(讲课方法)

강의법은 교육 · 훈련 실시자가 주로 지식이나 어떤 문제를 해결하는 과정 및 방법 등을 커뮤니케이션을 통해 전달하는 것이다. 신입사원에 대해서는 기업의 목표, 목표달성의 수단 및 조직이 부과하는 역할에 대해 이해시킬 목적으로 많이 활용되고 있다. 뿐만 아니라 조직 내 협동심 제고, 조직 전념도 증대 등 태도변화를 위한 학습방법으로도 활용되고 있다.

강의법은 비용이 저렴하고 많은 사람을 동시에 교육시킬 수 있으며, 많은 지식을 단기간에 전수하게 할 수 있다는 장점이 있는 반면에 강의 참가자가 수동적이 되고 학습 진도를 개인별로 조정하기 어려운 단점이 있다. 신입사원에 대한 교육 · 훈련

방법은 이외에도 여러 부서를 돌며 단기간에 이루어지는 사내교육이 있으며, 이를 통해 신입사원은 자기가 몸담고 있는 기업에서 일어나고 있는 여러 종류의 업무들에 대해 기초적인 이해를 할 수 있다.

2) 작업자 교육 · 훈련(作业者培训)

작업자는 상위 관리자로부터 지시받은 직무를 수행하는 종업원을 의미하며, 이들을 위한 교육 · 훈련의 내용은 주로 해당직무를 성공적으로 수행하는데 필요한 직무관련 지식 · 기능 등에 초점이 맞추어진다. 대표적인 작업자 교육 · 훈련기법으로는 실습장 훈련, 도제 훈련, 직업학교 훈련 그리고 프로그램 학습법 등이 있다.

가. 실습장 훈련(实习场培训)

실습장 훈련(vestibule training)은 기업 내에서 이루어지는 OJT와 달리 작업장과 별도의 공간에 시설과 장비를 갖추어 교육대상자에게 주로 기능을 위주로 이루어지는 훈련기법이다. 해당부서에서 상사가 훈련을 실시할 여력이 없을 때 이런 기법을 도입한다.

나. 도제제도(学徒制度)

도제제도(apprenticeship program)는 실제 작업장에서 상사나 선배로부터 이루어지는 OJT와 작업장 이외의 장소에서 강의 등을 통한 교육 · 훈련이 동시에 이루어지는 방법이다. 이 제도는 특히 정교한 수작업이 요구되는 조리 등에 주로 적용되며 교육기간은 대체로 3~4년 정도가 소요된다.

다. 전문기관훈련(专门机关培训)

전문기관훈련은 직무수행에 필요한 특정한 지식이나 기능을 전문적으로 교육하는 기관을 이용하여 교육 · 훈련을 실시하는 방법이다. 예를 들어, 항공사에서 조종사 교육을 위해 외국의 전문교육기관에 위탁하여 교육하거나, 로펌(law firm)에서 소속변호사를 선진 로스쿨에 교육을 보내는 방식이 이에 해당된다고 할 수 있다.

〈표 4-2〉 작업자 교육 · 훈련기법

구분	장점	단점
실습장 훈련	• 많은 인원 동시 훈련 가능 • 학습효과가 높음	• 훈련내용과 실무와의 연결에 문제가 발생할 수 있음 • 학습효과가 낮을 경우 갈등 야기
도제제도	• 직장 내 · 외 훈련의 장점만 흡수할 수 있음	• 많은 인원 동시교육 불가능
직업학교 훈련	• 전문교육으로 학습효과가 높음 • 교육내용이 정형화되어 있어 학습효과 높음 • 다수의 교육 · 훈련 대상자를 동시교육 가능	• 교육 · 훈련 내용과 실무와의 연결에 문제가 발생할 수 있음 • 개인별 학습진도 조정이 어려움

자료 : 함봉수 · 강상묵(2009), 서비스기업 인적자원관리, 백산출판사, p. 132.

4. 교육 · 훈련의 실행(培训的实行)

훈련의 실행은 어떤 교육프로그램의 성공여부에 있어서 적당한 방법, 실시자, 참가자 선정만큼이나 중요하다. 설령 경영자들이 교육프로그램을 철저하게 계획한다 해도 그들의 계획만큼 프로그램을 실행할 수는 없다. 많은 경우에 있어서 경영자들은 가능한 가장 쉬운 훈련 프로그램을 실시하는데 이것은 훈련 목적을 헛되게 하는 것이다. 세부적으로 계획된 모든 것을 그대로 실행하려고 신경을 쓰는 것은 참가자가 실제로 경험하는 실행단계에서 무엇보다 중요하다.

[그림 4-6] 교육 · 훈련 학습촉진을 위한 원칙

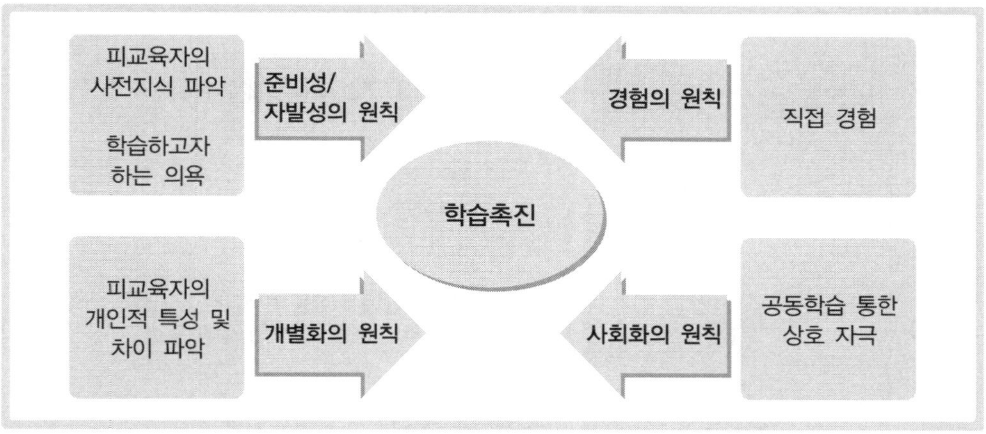

자료 : 함봉수 · 강상묵(2009), 서비스기업 인적자원관리, 백산출판사, p. 135.

5. 교육 · 훈련의 평가(培训的评审)

교육 · 훈련이 실시되고 나면 교육 · 훈련 활동에 대한 평가가 이루어져야 한다. 평가의 주목적은 교육 · 훈련의 목적이 성공적으로 달성되었는지 혹은 그렇지 않은지, 교육 · 훈련의 목적이 달성되지 않았다면 그 이유는 무엇인지, 이를 수정 · 보완하기 위해서 어떤 후속적인 조치가 필요한지 등에 관한 유용한 정보를 얻기 위함에 있다. 또한 기업은 교육 · 훈련 평가활동을 통하여 교육 · 훈련의 결과를 훈련 참가자에게 피드백 함으로써 교육 · 훈련의 효과를 제고시킬 수 있을 뿐 아니라 앞으로의 교육 · 훈련 활동을 위한 기반으로 활용할 수 있다.

평가의 목적은 첫째, 교육 · 훈련 프로그램이 추구했던 목적이 달성되었는지를 의사결정에게 결과와 효과면에서 정보를 제공한다. 둘째, 교육 · 훈련 프로그램의 취약분야를 밝혀 그 개선을 위한 자료를 제공한다. 셋째, 교육 · 훈련 프로그램 참가자 및 실시자에게 프로그램의 실시결과를 피드백 한다. 넷째, 교육 · 훈련 프로그램이 가져다 준 경제적 효과를 밝힌다. 다섯째, 향후 기업의 인력개발 활동계획에 보다 유용한 자료를 제공한다.

[그림 4-7] 교육 · 훈련 단계별 평가 내용

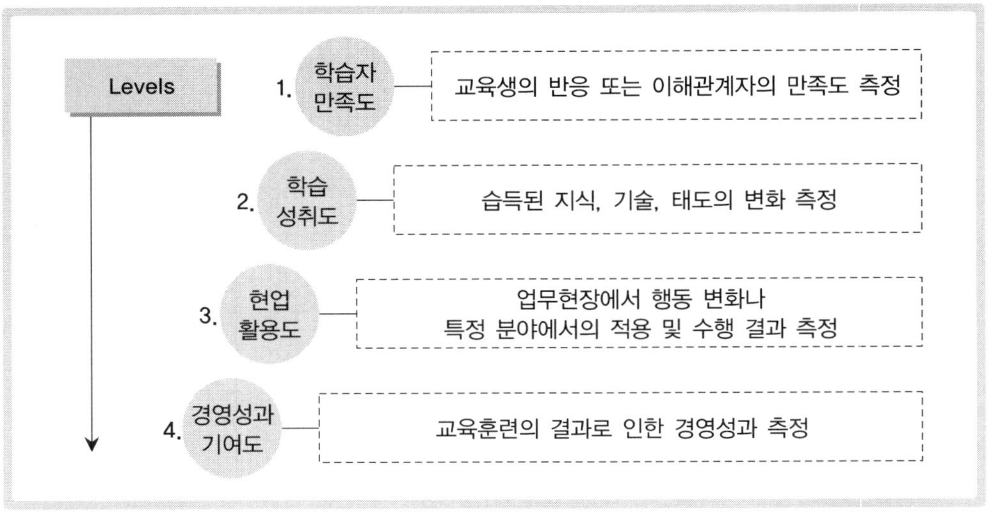

자료 : 저자 작성.

이러한 교육의 효과를 평가하는 접근법으로서는 거시적 접근법과 미시적 접근법이 있는데, 거시적 접근법에는 투입 중 화폐적으로 환산할 수 있는 비용, 즉 화폐적 비용을 기준으로 교육 · 훈련을 평가하는 비용 비교분석(cost comparison analysis)과 비용과 편익 중 화폐적으로 환산 가능한 투입과 산출을 중심으로 평가하는 비용-편익분석(cost-benefit analysis)이 있다.

미시적 평가에는 교육 · 훈련 프로그램을 구성하는 개별적인 요소에 대한 평가로 교육 · 훈련 내용평가, 훈련대상자의 평가, 훈련 실시자의 학습내용의 전달 능력, 학습동기부여 능력 및 학습내용을 실무에 적용과 같은 평가로 구성되어진다.

제4절 항공사의 인재육성 프로그램(航空公司的人才培养程序)

1. 대한항공 인재육성 프로그램(大韩航空人才培养程序)

대한항공에서는 양성에 대한 다양한 욕구를 충족시키기 위해서 다양한 Program을 개발, 운영하고 있으며 글로벌 인적자원을 육성하는데 최상의 환경을 제공하고 있다. 인재개발실과 인력개발센터가 양성에 관한 기본 계획을 수립하고, 통합교육을 담당하고 있으며, 교육의 전문성을 높이기 위해서 특성화된 전문교육기관을 운영하고 있다. 또한 U(Ubiquitous)-Learning을 구현하기 위해서 Cyber Campus를 운영하고 있다.

[그림 4-8] 대한항공 인재양성 조직체계

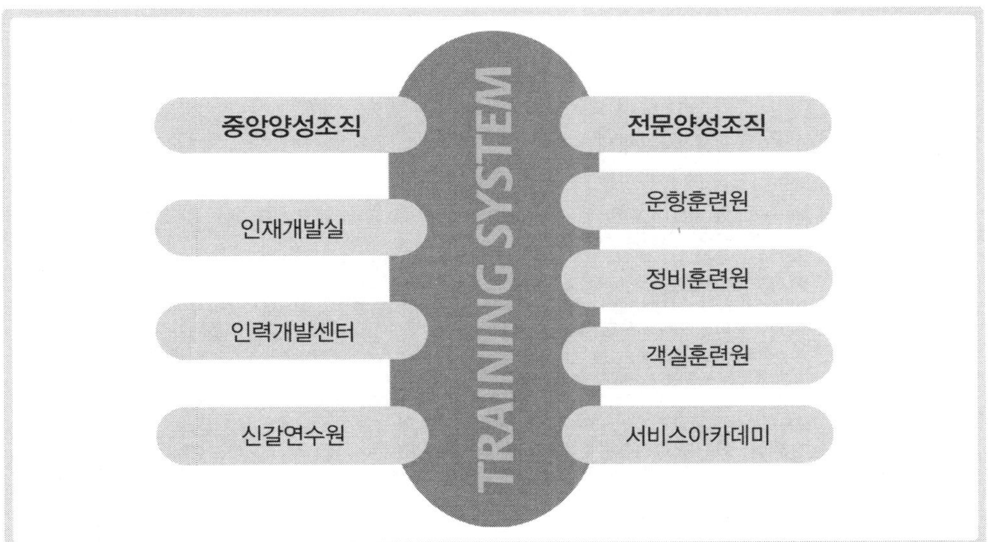

자료 : http://recruit.koreanair.co.kr

대한항공의 기본적인 양성체계는 Management Development 교육, Global 역량강화교육, 직무능력향상교육, 조직활성화교육으로 [그림 4-9]와 같이 크게 4가지로 구분되어 있다.

[그림 4-9] 대한항공 기본 양성체계

구분	기대역할 활동목표	Management Development	Global 역량 강화	직무능력향상	조직활성화
임원	경영능력제고	경영능력 향상과정			
고급 관리자	전략적 활용	관리능력 개발과정			
		MBA	해외주재	전문기관 교육	Working Excellence
중간 관리자	직무 확충 직무 활용	경영일반과정	해외 단기파견	CDP (Career Development Plan) 전담조직 또는 현장을 통한 교육	
실무자	직무적성 확인 Job Skill배양	문제해결능력 향상과정 항공경영 기초과정	영어/제2외국어		

직종별 양성체계는 회사 및 해당 직급에서 요구하는 역할에 따라 단계별로 [그림 4-10]과 같이 구축되어 있다.

[그림 4-10] 대한항공 직종별 양성체계

- 정비관련 전문 관리자 및 전문 Engineer & Mechanic 양성을 목표로 하는 기술직은 교육훈련체계와 직무이동체계를 통해서 양성되고 있다.
- 해당 정비업무에 관련된 지식을 습득하기 위한 교육훈련체계를 통하여 기본 교육과정 및 특수전문교육과정을 이수하고 전문자격을 취득하며, 계속적으로 보수교육을 받게 된다.
- 취득된 전문기술은 직무이동체계를 통하여 완성되고 있는데, 현장 및 지원부서, 본부부서 실무와 해외 파견 등 직무 순환을 통하여 특정 정비분야의 Know-How를 축적하여 최고수준의 전문성을 갖추게 된다.

- 최고의 비행기술로 안전운항을 책임지는 조종사로서의 능력을 배양하기 위한 운항승무직은 첨단 훈련장비를 통한 최적의 훈련환경 속에서 양성되고 있다.
- 장, 단기적인 지속적인 투자와 더불어 선진제도의 도입을 통한 양질의 교육훈련체계를 유지하고 있다.
- 철저하게 양성된 조종기술은 수시심사와 Audit을 통하여 끊임 없이 재확인 하고 있다.

- 기내 안전을 바탕으로 승객에게 최상의 서비스를 제공할 수 있는 승무원을 양성하는 것을 목표로 하고 있다.
- 기내 서비스의 질적상향 표준화를 통한 최상의 서비스를 제공하기 위하여 상시 필수 서비스 교육을 실시하고 있다.
- 또한 기내방송교육과 국내선, 국제선, 상위클래스 교육 등 특성화 교육을 통하여 전문성을 강화하고 있다.
- 안전한 비행환경 확보를 위하여, 최신의 실물 훈련시설 환경 속에서 정기 및 수시 훈련을 실시한다.

- 다직무를 경험한 유연한 관리자를 양성하기 위한 대한항공의 일반종합직 양성체계는 기본양성체계를 근간으로 하여 구성되어 있다.
- 대한항공 경력개발제도(Career Development Plan)에 기초한 국내외 직무순환을 통해 풍부한 교육기회와 함께 다양한 업무 경험으로 양성되고 있다.

자료 : https://recruit.koreanair.co.kr

2. 아시아나항공 인재육성 프로그램(韩亚航空人才培养程序)

아시아나 항공은 "미래가치와 성과를 창출하는 글로벌리더 육성"이라는 인재육성의 비전하에 Global 핵심인재 육성, 조직문화혁신, 성과지향이라는 인재육성전략을 중심으로 체계적인 교육을 실시하고 있다.

[그림 4-11] 아시아나항공 인재육성전략

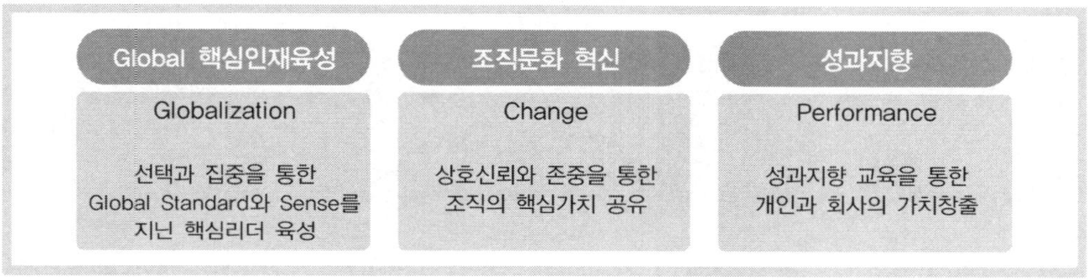

자료 : https://recruit.flyasiana.com

인재를 육성하기 위한 중장기 교육목표로는 2014년까지 성과창출에 기여하는 HRD 체계강화 1단계와 글로벌 역량 극대화의 2단계를 거쳐서 Lifelong Learning을 실현하는 3단계로 단계적 추진계획을 수립하여 추진하고 있다.

[그림 4-12] 아시아나항공 중장기 교육목표

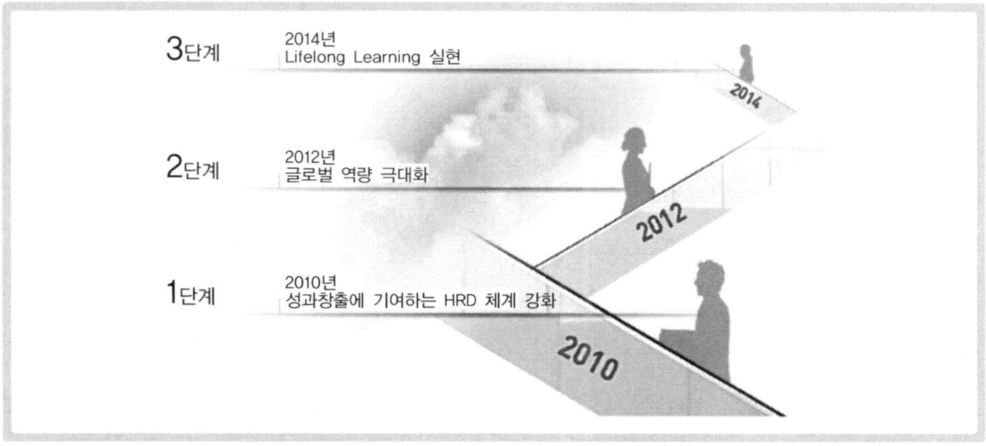

자료 : https://recruit.flyasiana.com

아시아나항공은 계층별 역량에 기반한 리더십 Pipeline 중심의 계층교육, 핵심인재 양성, 차세대 리더 및 국제회의 전문가 양성 등을 통한 글로벌 역량교육을 강화하고 있다. 또한 직무자격제도를 통한 직무전문성 교육을 강화하고 있으며, 현장의 서비스 대응능력 향상을 위한 고객서비스 교육을 간화시켜 나가고 있다. 그 외에도 임직원이 참여하는 다양한 소통의 조직문화 교육을 실시하고 있다. 이같은 인재육성 교육체계는 [그림 4-13]과 같다.

[그림 4-13] 아시아나항공 인재육성 교육체계

과정 / 직급	기본 교육과정			심화 교육과정				외국어 과정		공통
	계층교육 (필수)	직무전문교육 (필수/선택)	조직활성화 교육	역량개발과정 (선택)	핵심 인재과정 (선발)			교양 과정	직무 과정	
임원	신입임원과정			국내외 세미나	국내대학 최고경영자과정(AMP) 임원대상 외부위탁과정					사이버 캠퍼스 (리더십/직무/외국어 등)
팀장	팀장독서과정 신입팀장과정	일반	All For One	국내외 외부 위탁과정	금호 아시아나 MBA과정 (국내 유수대학)	해외MBA 과정 (미/일/중) 서비스 MBA 과정 지역 전문가 과정	국내대학 MBA과정 (야간)	일과후 외국어 과정 (영어/ 일본어/ 중국어)	Global Business Communications Business E-mail & Letters Reservation English	
차장	팀장후보자과정 신입차장과정	여객 화물								
과장	신입과장과정	공항								
대리	과장후보자과정 신입대리과정	운항 캐빈								
사원	대리후보자과정 신입직무과정 신입입문과	정비	Passion Plus							

자료 : https://recruit.flyasiana.com

아시아나항공 핵심인재 양성프로그램을 직무전문가 양성과정과 서비스MBA와 같은 사내의 전문가 과정과 세계적인 인재를 양성하기 위한 국내·외 유수대학과 연계된 MBA 과정으로 운용하고 있다. 이같은 전방위적인 핵심인재 양성을 통해 아시아나항공을 발전시킬 인재들을 양성하고 있다.

[그림 4-14] 아시아나항공 핵심인재 양성프로그램

자료 : https://recruit.flyasiana.com

제5절 항공사 객실승무원의 교육 · 훈련 프로그램 (航空公司客舱乘务员培训程序)

나윤서(2010)는 그의 연구에서 대한항공과 아시아나항공의 객실승무원 직무교육 프로그램을 크게 신입, 관리자, 상위클래스, 캐빈매니저, 복직자 등 공통된 분야를 대상으로 설명하고 있다. 자세한 내용은 다음과 같다.

1. 대한항공 객실승무원 교육 · 훈련 프로그램(大韩航空客舱乘务员培训程序)

대한항공 승무원 교육의 목적은 고객을 최우선으로 하는 서비스 정신과 비행실무에서 요구되는 기술과 능력을 갖춘 승무원의 양성에 있다. 교육프로그램의 설계는 실제 교육 · 훈련을 담당하는 부서에서 주로 하나 객실승무원이 Task Team을 만들어서 참여하는 경우도 있고 교육을 담당하는 강사들도 프로그램 설계에 참여하기도 한다. 현장 근무자들과 강사들은 실제 교육을 담당하고 교육받는 입장이므로 어떤 교육이 필요하고 보완되어야 하는지 잘 알고 있다. 교육 프로그램 설계의 원천은 고객의 불만 및 칭송, 선배 승무원들의 의견, 현장의 문제점을 분석, 교육 · 훈련 후 과정평가서, 승무원의 설문조사 등이다.

〈표 4-3〉 대한항공 신입승무원 교육 · 훈련 커리큘럼

대과목	소과목	시간
기본예절 및 인사	기본 서비스 예절/ 서비스 응대 시 기본자세 정중하고 재치 있는 기내 대화 객실 승무원의 이미지메이킹 고객이 바라본 객실 서비스/ 바람직한 인간관계 서비스 마인드/ 나 자신의 이해 나의 가치 높이기/ 직업의 소중함 서비스 가치 찾기/ 특급서비스의 비밀/ 나는 전문가	62
비행실무	우리는 하나/ 객실승무원의 근무규정, 회사조직 및 객실의 이해/ Timetable & SKD Reading 우리의 상품/ HANWAY, IMS & CREWNET 비행 전 업무절차/ 국내선 서비스 실무실습 GALLEY WORK	42
외국어	기내서비스 영어/ 일어/ 중국어	24
방송	기내방송(한국어/ 영어/ 일어)	7
항공기 비상훈련	항공기 구조/ 시스템/ 도어	8
기초업무 친숙훈련	객실승무원의 안전 훈련 매뉴얼/ 항공법 비행원리/ 대고객 안전 데모 비행정모/ 매뉴얼 친숙/ 규정 및 지침	44
기타	과정안내 및 입과 TEST/ 평가 업무소개/ 입과식	25
OJT	국내선 OJT Flight	24
총계		241

자료 : 대한항공 객실훈련원 업무 현황집(2009), 나윤서(2010), 델파이기법을 이용한 항공사 객실승무원의 교육 · 훈련프로그램 개발에 관한 연구, 세종대학교 대학원 석사학위논문, p. 45에서 재인용.

첫째, 신입승무원 교육으로 신입승무원에게는 업무수행에 필요한 기본적인 지식과 실무를 중심으로 교육을 실시한다. 객실승무원은 특히 서비스 종사자이므로 그에 필요한 인성교육과 예절교육이 실시되며, 비행실무에 필요한 외국어, 기내방송, 비행실무의 전반적인 이해가 요구된다.

둘째, 기성 승무원 교육은 승무원의 담당 클래스 변경에 따른 서비스와 전반적인 업무에 대한 이해와 실습교육이 이루어지며, 직급이 올라갈수록 일반승무원들을 지도하고 통솔할 리더십의 요구와 새로운 직무를 부여 받게 되므로 추가적인 교육이 이루어진다. 직급이 올라갈 때 중앙교육원이 주관하는 계층별 교육을 받게 되며 객실 내 Career Path에 의한 직무교육을 받게 된다.

셋째, 기타 정기적으로 연 1회의 정기 안전교육과 필요시마다 실시하는 서비스 보수교육, 출산 후 복직시 이수해야 하는 산후 장기 휴직자 교육, 단기간의 병가 및 휴직 후에 실시하는 복직교육 등이 있으며, 항공사 자체 비행노선 운영에 따른 필요에 의한 교육이 별도로 실시된다. 〈표 4-3〉은 대한항공 신입승무원의 교육 · 훈련 커리큘럼이다.

〈표 4-4〉와 〈표 4-5〉는 대한항공 신입 훈련 국제선 과정과 상위 클래스 서비스 전문 훈련과정의 교육 · 훈련 커리큘럼이다.

〈표 4-4〉 대한항공 신입 훈련 국제선 과정

대과목	소과목	시간
MODULE I	과정안내/ 입과 테스트/ 조직커뮤니케이션 승무기준1, 2 / 승무절차1, 2/ 근무기준 승무원 이미지 메이킹/서비스품질 관리 SVC Standard 1~6 / 출입국 규정 비행정보 Reding 1~2/ Galley 구조 및 탑재 IFE System의 이해/ EY, SVC 1~2 기내판매 1~2/ 기초이론 평가	36
MODULE II	기초실습비행준비/ 기초실습 Ground 기초실습 Galley1~5/ 기초실습 Aisle1~7 기초실습평가	23

대과목	소과목		시간
MODULE III	비행실습		4일
	종합실습 1~5/ 종합평가 실무실습 Review/ 고객서신 사례연구		28
	외국어(기내서비스)		21
	기타	기내방송/ 팀워크/ 선배와의 개화 ICN/COC 견학/ 수료식	20

자료 : 대한항공 객실훈련원 업무 현황집(2009), 나윤서(2010), p. 46에서 재인용.

〈표 4-5〉 대한항공 상위 클래스서비스 전문훈련

대과목	소과목	시간
비행실무	과정안내/ 산재예방/ 입과 테스트 PR · FR.SVC개요/ FR 기본 FLT 시뮬레이션 FR · PR지상 시뮬레이션/ PR기본 시뮬레이션 PR Galley표준화 동작/ menu의 이해 FR · PR 종합 FLT 시뮬레이션/ ESPRESSO학습 KALPOS 및 기내판매 상품의 이해 PR · FR FINAL FLT 시뮬레이션	38
비행실습	와인 SVC FR · PR/ 모조밀/ PR기물 사용 실습 CMS & ICS WINE SVC 실습 CART SET UP 및 DISH UP 실습 COCKTAIL 실습/ FR기물 사용 실습 TABLEWARE실습	15
외국어	영어/일어/기내대화	2
고객응대	고객응대 매너/사위클래스 고객 이해	3
OJT	OJT 비행	8
총계		66

자료 : 대한항공 객실훈련원 업무현황집(2009), 나윤서(2010), p. 47에서 재인용.

다음은 대한항공 신임 부팀장 교육과정과 신임 팀장 교육과정, 복직 승무원의 교육 · 훈련 커리큘럼이다.

〈표 4-6〉 대한항공 신임 부팀장 교육 커리큘럼

대과목	소과목	시간
비행실무	DUTY PURSER ACTION FLOW/ IRRE CASE STUDY EY/CL 서비스 STANDARD/ 비행준비 및 서류 작성 기내판매 상품지식/ KALPOS IRRE, 대처 객실 정비 IRRE 대처/ 기내 클레임 예방 및 대처	16
비행실습	상위 클래스 서비스 실습 PR · CL 실습/FR · CL 실습	7
방송	IRRE, 일본방송	2
안전	Safety Leadership	2
기타	객실승무 본부업무 추진 방향 및 현안 임원특강/ 여객운송실무/ 여객영업실무 예약 · 발권 실무/ 승객의 Needs/ 산재예방/ 스트레칭	11
총계		32

자료 : 대한항공 객실훈련원 업무현황집(2009), 나윤서(2010), p. 47에서 재인용.

〈표 4-7〉 대한항공 신임 팀장교육 커리큘럼

대과목	소과목	시간
비행실무	브리핑기법	2
비행실습	PR · CL 서비스 이해 실습 FR · CL 서비스 이해 실습	16
방송	IRRE, 방송	8
기타	객실팀장의 의무와 역할/ 리더십 유형 진단 운항 실무/ 여객 운송 실무/ 예약 · 발권 실무	14
총계		40

자료 : 대한항공 객실훈련원 업무 현황집(2009), 나윤서(2010), p. 48에서 재인용.

〈표 4-8〉 대한항공 복직 승무원 교육 커리큘럼

대과목	소과목	시간
비행실무	CREW NET NOTES &IMS/ 상품의 이해 CMS/ IVS/ SKY PASS/ KAL-POS 상위 클래스 서비스 변경 내용/ 국내선 국제선 근무 절차	17
비행실습	EY · CL 서비스 실습/ 상위 CL서비스 실습	11
외국어	기내 서비스 영어, 일어	6
방송	기내방송	12
안전	EMERGENCY EQUIPMENT/ SITUATION 위험품/ C · O · M/ CPR/ EMERGENCY DOOR TRAINING/ DOOR TRAINING DRILL DITCHING/ FIRST AID/ 항공보안/ C · R · M ANTICIPATED/ ANTICIPATED EMERGENCY AIRCRAFT TYPE QUALIFICATION/ DEMO	30
기타	과정 안내/ TEST/ 노무/ 복리후생/ 산재예방 국제 그룹 업무 소개, 국내 그룹 업무 소개 GLOBAL ALLIANCE/ 서비스 경험사례	10
총계		86

자료 : 대한항공 객실훈련원 업무 현황집(2009), 나윤서(2010), p. 48에서 재인용.

2. 아시아나항공 객실승무원 교육 · 훈련 프로그램 (韩亚航空客舱乘务员培训程序)

객실승무원의 직무교육은 회사의 장단기 인력계획에 의거하여 Career Path에 따라 실시되는 정규 교육 · 훈련이다. 객실승무원들은 해당과정의 이수를 통하여 각자의 Duty에 맞는 업무를 수행하게 된다. 직무교육은 신입직무육과 기성 직무교육으로 나뉜다.

첫째, 신입직무훈련은 객실승무원으로서의 기본자세를 확립하고 서비스 정신이 투철한 승무원을 양성하기 위해 비교적 장기간으로 엄격하게 진행된다. 주요내용은 직업과 및 서비스 능력함양, 객실안전, 승무이론, 서비스실습, 항공업무 지식, 기내방송, 외국어 등으로 다양하게 구성된다.

둘째, 기성교육은 객실승무원들은 회사의 장단기 인력계획에 의거한 Career Path에 의해 직급 및 근무연한에 따라 일정교육을 받는다. 객실승무원들은 해당 과정을 통하여 각각의 직책과 Duty에 맞는 직무를 수행하는 것을 배운다. 반드시 전단계의 과정을 이수하여야만 다음 상위 단계의 과정에 입과 할 수 있게 되며, 근무연한, 어학자격, 방송자격, 인사평가 등이 입과 시 고려의 요인이 된다.

셋째, 기타 매년 정기적으로 받아야 하는 법정 정기교육과 필요시마다 실시하는 서비스 보수, 출산 후 복직 시 이수해야 하는 산후 장기휴직자 교육, 단기간의 병가 및 휴지 후에 실시하는 복직교육 등이 있으며, 그 외에 교육 팀이 주관하는 각종 교육에 객실승무원을 참여시킨다.

〈표 4-9〉 아시아나항공 신입승무원 교육 · 훈련 커리큘럼

대과목	소과목	시간
기본자세 · 태도	메이크업/ 피부관리/ 워킹/ 인사 예절/ hair-do/ 용모와 복장/ 이미지 메이킹/ 에티켓/ 직장 예절/ 기내대화/ 친화력	40
항공사 절차 교육	항공 보안 업무 및 절차(관련 법규)/ 승무원 근무절차 교육/ 항공 준사고 보고제도/ AOC 조직의 이해와 운영 범위/ 항공법/ 항공기운항 안전법 이해/ 승무원 업무 교범/ 운항 기술 기준 자격관리 지침의 법규 조건	40
승객브리핑	Passenger Briefing	8
법정초기 훈련	기종/ 보안/ 비상 장비/ 기내 감압/D. G. R/ 비상탈출 절차/ 화재진압 절차	116
기종훈련	기종별 비상 탈출 절차 및 항공기 구조	15
서비스 교육	Duty & Task/ 국내선 비행 전 준비/ Boarding Activity/ Manual Reading/ O. J. T. Flight/ 서양식의 이해 & Meal Heating/ 국제선 기내판매/ Station / Information/ 서비스 Procedure/ 비빔밥 서비스와 SPML/ Galley Packing/ 서비스 Role Play/ Cart Top Setting/ Wine & Cocktails	130
방송	기내방송 이론과 실습	30
외국어	In-Flight English/ In-Flight Chinese/ In-Flight Japanese	50
고객만족	고객 만족과 서비스 주제발표(세미나)/ 서비스 Challenge/ 상황별 고객 응대	20
팀워크/인성	Knowing each other/ All for Asiana	20

대과목	소과목	시간
기타	CRT/ 텔레피아3/ 노무관리/ 후생복지 공항서비스 업무/ Star Alliance 비자작성/ I.S.O환경품질 교육과정 안내 및 입과식, 수료행사/ 종합테스트	51
총계		528

자료 : 아시아나 객실훈련원 업무 현황집(2009), 나윤서(2010), p. 40에서 재인용.

〈표 4-10〉 아시아나항공 상위 클래스(F/C, B/C) 교육 · 훈련 커리큘럼

대과목	소과목	시간
기본자세 · 태도	상위 클래스 승무원에게 바란다.	8
	나도 이제 상위 클래스 승무원	
	상위 클래스 고객 가치 인식	
	TA(Transaction Analysis)	
서비스 이론	A330 특화 서비스 이해	21
	Meal Heating Guide	
	서양식의 Meal Course의 이해	
	Duty / Task	
	서비스 절차(Service Procedure)	
	Wine/Spirits	
	글로벌 에티켓	
	F/C 매뉴얼의 dlgo	
	영업의 이해	
	한식 서비스	
서비스 실습	비디오 프레젠테이션	37
	서비스 스탠다드 모션	
	칵테일 실습	
	서비스 Trolley 차리기	
	서비스 Role Play	
	과정 안내 및 평가	
기타		6
총계		72

자료 : 아시아나 객실훈련원 업무 현황집(2009), 나윤서(2010), p. 41에서 재인용.

〈표 4-11〉 아시아나항공 캐빈 매니저 교육 · 훈련 커리큘럼

대과목	소과목	시간
기본예절 · 리더십	이미지 메이킹	4
	캐빈매니저 리더십	
법정훈련	필수 법규정 이해(Regulatory Requirement)	14
	매니저의 임무와 책임	
	항공보안(Security)	
	건강관리 및 응급조치(Health & First Aid)	
	비상절차(Emergency Procedure)	
	CRM(Crew Resource Management)	
비행관련업무 (Duty/Task)	비행근무절차	12
	취항지 정보(Station Information)	
	서류 작성 및 서류 서비스	
	보고서 작성 요령 및 처리과정	
	캐빈 매니저 방송(Announcement)	
	고객 불만족 사례연구	
	공항서비스 업무 이해	
	OJT Flight	
기타	캐빈매니저로서의 새로운 출발	10
	바람직한 캐빈매니저에 대한 토론 및 발표	
	테스트/정리과정	
총계		40

자료 : 아시아나 객실훈련원 업무 현황집(2009), 나윤서(2010), p. 42에서 재인용.

〈표 4-12〉 아시아나항공 장기 휴직자 복직 훈련 커리큘럼

대과목	소과목	시간
ATTITUDE	복직으로 새로 태어나는 나	2
	UTZ과의 시간	
SVC 이론	F/C SVC PROCEDURE & METHODS	1
	B/C SVC PROCEDURE & METHODS	
	국내선, 국제선 E/Y PROCEDURE & METHODS	
	CLS별 WINE, SPIRITS & COCKTAIL	
	MEAL PRESENTATION & HEAT UP GUIDE	
	CLS별 VIDEO PRESENTATION	
	필기 TEST	
SVC 실습	SVC ROLE PLAY & 상황별 고객응대	13
	기내 방송 실습과 테스트	
	세련된 MAKE -UP & HAIR-DO	
	올바른 WALKING	
	실기 TEST	
법정훈련	법정 재임용 훈련	25
	B777 기종 훈련	
	비상착수 훈련	
총계		52

자료 : 아시아나 객실훈련원 업무 현황집(2009), 나윤서(2010), p. 43에서 재인용.

제4장

교육 · 훈련의 요약
(对培训的概括说明)

항공사들은 인력개발 목표의 달성을 위해 종사원들의 가치를 높이는 교육 · 훈련을 하고 있다. 교육 · 훈련은 종업원의 정신적 · 육체적 능력과 성과창출 의지 및 태도에 직접적인 자극을 가해서, 정신적 · 육체적 능력과 성과창출 의지 및 태도를 향상시키는 제활동이라 할 수 있다.
교육 · 훈련의 목적은 기업의 목적달성을 위해 조직구성원으로 하여금 필요한 지식과 기술을 습득하게 만드는 것이며, 장 · 단기적 성과를 향상키 위한 필요한 자질과 능력을 변화시키는 것이다.
교육 · 훈련 프로그램은 구체적이고 개별적인 목적에 따라 달라질 수 있다. 그 내용은 직무수행을 위한 기술이나 기능을 개발하는 능력개발과 직업의식, 책임의식 등을 개발하는 의욕개발로 구분된다.
항공사의 교육 · 훈련은 회사의 특성에 따라 다소의 차이가 있다. 대한항공의 교육 · 훈련을 소개하면, 기본적인 양성체계는 Management Development 교육, Global 역량강화 교육, 직무능력향상 교육, 조직활성화 교육으로 크게 4가지로 구분된다. 각 직종별 양성체계는 기술직, 운항승무직, 객실승무직, 일반직으로 구분되어 있다.

航空公司为完成人力开发目标、进行提高从业人员价值的培训。培训是直接刺激并提高从业人员的精神和身体能力及创造成果的意志和态度的活动。
培训的目的是为达到企业的目的、让组织成员学习必要的知识和技术、要具备能够提高长短期成果的素质和能力。
培训项目根据具体和个别的目的有所不同。内容分为对履行职务的技术或技能进行开发的‘能力开发培训’和对职业意识、责任意识进行开发的‘积极性开发培训’。
航空公司的培训根据公司的特性有所差异、大韩航空的基本培训体系可以大体分为Management Development培训、Global力量强化培训、提高职务能力培训和组织活性化培训、各职务种类的培训体系分为技术、运航乘务、客舱乘务和一般职务培训。

Chapter 05

경력개발(职业发展)

Chapter 05 경력개발(职业发展)

제1절 경력개발의 이해(职业发展的理解)

1. 경력개발의 배경(职业发展的背景)

경력개발(career development)은 경력(career)과 개발(development)이라는 용어의 조합이다.

[그림 5-1] 경력개발의 개념

자료 : 저자 작성.

경력개발은 개인의 경력목표를 설정하고 이를 달성하기 위한 경력계획을 수립하여 조직의 욕구와 개인의 욕구가 합치될 수 있도록 각 개인의 경력을 개발하는 활동을 말한다. 여기에는 개인이 경력상 도달하고 싶은 미래의 직위를 말하는 경력목표와 한 개인이 자신을 파악하고, 경력기회 및 경력목표를 달성하기 위해 경력에 관련된 목표를 설정, 직무 및 교육설계, 그리고 관련된 경력개발을 경험하는 것과 같은 경력경로를 구체적으로 선택하는 과정을 말한다(함봉수 · 강상묵, 2009).

경력개발에 대한 경영자들의 관심이 증대된 것은 조직의 내부 및 외부 환경의 변화와 기술진보가 가속화됨에 따른 조직의 미래에 대한 위험과 불확실성의 증대에 있다. 따라서 조직은 조직목표를 달성하기 위해 환경 변화에 적응할 수 있는 유능한 인적자원개발이 불가피하게 되었다. 이에 따라 종업원 개개인의 조직 내 경력개발을 보다 장기적이고 체계적으로 지원함으로써 개인의 경력 욕구충족과 함께 조직이 필요로 하는 인력을 동시에 개발하는 것이 가능하게 되는 것이다.

[그림 5-2] 경력개발 배경

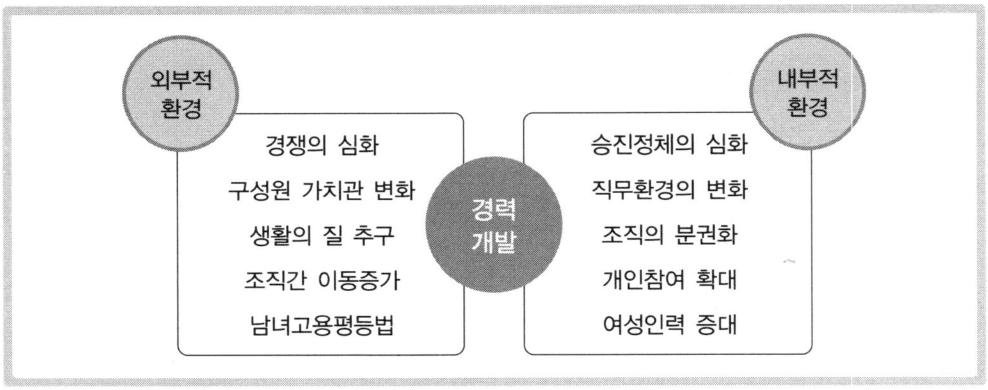

자료 : 함봉수 · 강상묵(2009), 서비스기업 인적자원관리, 백산출판사, p. 142.

2. 경력개발의 원칙(职业发展的原则)

1) 적재적소 배치의 원칙(适才适所安排的原则)

경력개발을 위해서는 적재적소에 배치하는 것을 원칙으로 하고 있다. 즉 조직구성원의 적성, 지식, 경험, 기타 능력과 조직의 목표달성에 필요한 직무가 잘 조화되도록 맞추는 것을 의미한다. 이를 위해서는 직무수행에 필요한 자격조건과 조직구성원의 적성 등에 대한 정보를 충분히 가지고 있어야 한다.

2) 승진경로의 원칙(晋升的原则)

경력개발은 승진경로가 명확하게 확립되어야 한다. 이 원칙은 기업의 모든 지위는 계층적인 승진경로로 형성되고 정의되며, 또한 기술도 평가되어야 한다. 즉 과학적인 직계를 이루고 이에 따른 승진관리가 이루어져야 한다는 것이다. 승진경로의 설정은 질적 인사계획의 수립에 있어서 본질적인 문제해결의 길잡이가 된다. 또한 정의되고 기술된 승진 직계는 직무평가의 과정을 거쳐서 제시되므로 노동의 질과 노동의 양을 존중하는 자료가 된다.

3) 후진향성의 원칙(提携原则)

경력개발은 기업 내에서 후진양성의 확립을 원칙으로 하여 자체적으로 유능한 인재를 확보하는 것을 원칙으로 한다. 즉 경력개발은 외부에서 인재를 확보하는 스카우트 방법보다 기업의 내부에서 자체적으로 양성하는 것을 원칙으로 하고 있다. 또한 이는 조직구성원에게 성장의 동기를 부여하고 조직구성원을 기업에 밀착시키도록 하는 것이다. 외부로부터 영입된 조직구성원이 겪는 소외감과 불안감을 해소할 수 있을 뿐 아니라 직장분위기, 직업스타일, 인간관계 등에 적용하는 데 필요한 시간과 비용을 절감 할 수 있다.

4) 경력기회 개발의 원칙(职业机会开发的原则)

사람은 누구나 자기의 능력을 개발하여 성장, 발전할 수 있는 기회를 원하고 있다. 그러므로 조직구성원은 승진의 기회를 명확화 하는 승진경로에 대하여 깊은 관심을 가지고 있다. 경력상 필요상황을 알게 되면, 경력경로를 작성해야 하며, 조직구성원의 능력발전 기회가 제한된다고 인정되는 직업은 별도로 명시하여야 하고, 또한 이를 조직구성원에게 알려야 한다. 경력개발의 기회가 많지 않은 조직구성원들도 그들의 경력개발의 기회가 많지 않은 조직구성원들도 그들의 경력개발 기회를 가지기를 원하는데, 바로 이때 적용될 수 있는 기준이 있어야 한다.

[그림 5-3] 경력개발의 원칙

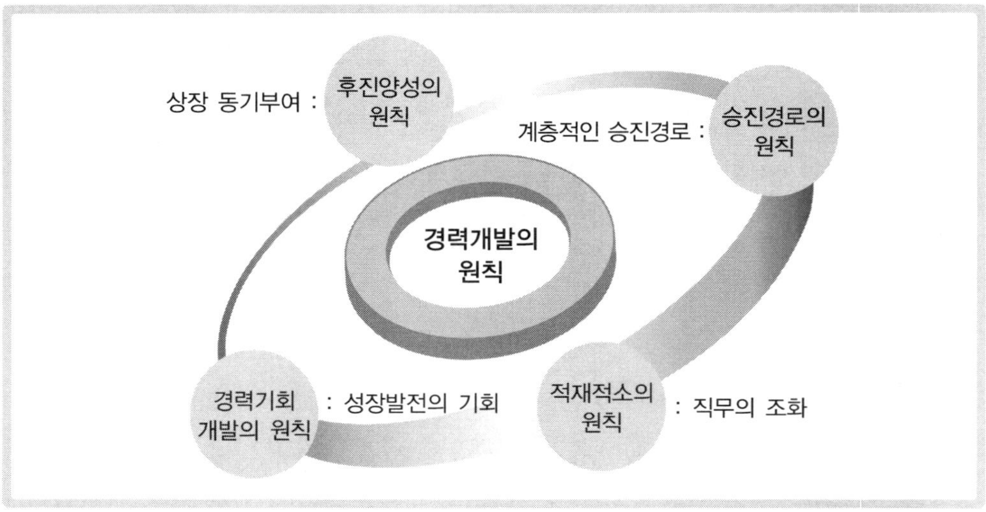

자료 : 저자 작성.

제2절 경력개발제도(职业发展制度)

1. 경력개발제도의 이해(职业发展制度的理解)

경력개발제도(CDP: career development program)란, 조직구성원 개개인에 대해서 조직의 니즈(needs)와 본인의 희망을 조화시켜 장기적인 경력계획을 수립하고, 이 계획과 결부시켜 직무순환(승진, 전속, 직무변경) 및 교육훈련을 행하는 종합적 프로그램을 말한다.

개인의 측면에서는 조직구성원의 경력을 조직 내에서 적극적으로 실현시키는 것이며, 조직의 측면에서는 조직이 필요한 인적자원을 확보하고 조직의 발전을 도모하는 제도이다. 또한 경력개발제도는 경력개발의 개념을 조직의 인재육성을 위해 제도화시켜 놓은 것이다. 구체적으로 경력개발제도는 개인의 입사로부터 퇴직까지의 경력경로를 개인과 조직이 함께 설계하고 장기적 관점에서 관리해 나가는 종합적 인적자원개발시스템을 말한다. 경력개발제도의 목표는 개인의 성장요구를 충족하고 동시에 조직의 인적자원개발을 극대화시켜 개인욕구와 조직욕구를 조화시키는 데 있다.

2. 경력개발제도의 중요성(职业发展制度的重要性)

조직구성원의 경력개발은 점차 인적자원관리 분야의 가장 중요한 기능의 하나로 인식되고 있다. 조직구성원의 만족과 불만족은 직무에서 얻어지는 개인적인 성취감과 성장감의 정도에 직접적으로 관련된다. 이러한 직무에서의 성취감과 성장감은 조직구성원이 담당하는 직무 자체가 자극적이고 도전적이어서 직무수행을 통해서 계속적인 자신의 성장과 발전의 기회가 있다는 것을 지각할 때에만 가능하다. 우리나라 대부분의 경영자들은 경력개발의 중요성을 인식하고 있음에도 불구하고 적극적인 실행을 주저하고 있다.

그러한 경력개발에 있어 경력목표의 설정을 조직의 인적자원계획과 연결하여 조직의 요구와 일치하는 목표를 설정하도록 유도하여 조직 내에서 경력기회를 찾을 수 있게 하는 것이 바람직하다. 조직구성원 이탈 손실을 줄일 수 있을 뿐만 아니라, 더 나아가 직무충실화를 통해 여러 가지 이익을 얻을 수 있기 때문이다. 이와 같이 경력개발의 필요성을 외부적 환경의 변화로 경쟁의 심화, 사회구성원의 가치관 변화, 생활의 질 추구, 조직간 이동의 증가, 남녀고용평등법의 강화와 내부적 환경의 변화로 승진정체의 심화, 직무환경의 변화, 조직의 분권화 및 자율화 증대, 여성인력의 증대를 들 수 있다. 또 인력개발의 현상으로 전략적 사고의 미흡, 비효율적 인력개발을 들 수 있겠다. 그 중에서도 효율적인 인력개발과 전략적 관리, 자아실현의 기회확대 등에 착안하여 경력개발을 통한 업무별 전문성 확보와 업무수행의 효육성 증대에 그 필요성을 증대되었다.

3. 경력개발제도의 기대효과(职业发展制度的期望效果)

경력개발제도를 수행함으로써 기업은 내부인력자원의 미래 핵심역량을 배양할 수 있다. 경력개발제도를 다기능화(multi-skilling)하는 방향으로 활용하게 되면 구성원의 역할진작을 통해 조직 활성력이 제고될 것이다. 또한 전문가 육성을 위한 경력개발제도(level-up)를 활용할 경우에는 조직구성원에게 동기부여를 줄 뿐 아니라 조직 노하우의 체계적 축적과 활용이 가능할 것이다. 이밖에 적재적소 배치를 통한 인력 효율성을 향상시킬 수도 있다. 한편 개인의 입장에서는 생애 경력관리를 통한 미래비전을 확보할 수 있으며, 일을 통한 성장과 성취욕구를 충족시킬 수 있고, 능력개발의 기회확대를 통한 전문능력의 향상을 도모할 수 있다.

4. 새로운 경력개발제도의 설계(新职业发展制度的计划)

새로운 경력개발체제는 종업원이 기업 내부뿐 아니라 외부에서도 인정받는 '시장가치(Market-ability)'를 높이도록 설계되어야 한다. 그 이유는 첫째, 종업원들이 외부에서 인정받는 능력을 키워가는 과정에서 기업의 발전에 공헌할 가능성이 높기 때문이다.

둘째, 종업원들은 자신의 능력을 개발하는 가운데 물질적인 보상으로 충족될 수 없는 자아실현감(Self-actualization)을 맛볼 수 있게 된다.

셋째, 종업원들은 점차 역량을 쌓아가면서 실직에 대한 두려움을 어느 정도 떨쳐버릴 수 있기 때문에, 보다 직무에 충실하게 될 뿐 아니라 자신의 역량을 키워 준 회사에 대한 소속감을 키워가기 때문이다. 따라서 기업은 안정된 분위기 아래서 종업원들과의 협력을 모색할 수 있게 된다.

넷째, 기업도 사회의 일원이라는 것을 생각할 때, 종업원의 시장 가치를 높여주는 것은 사회의 건전한 발전에 기여하는 일이 된다. 왜냐하면, 설사 퇴직하게 되더라도 시장 가치가 높아진 종업원들은 보다 쉽게 일자리를 구할 수 있기 때문이다.

사실 경력개발제도는 시행만 하면 성공을 가져다주는 제도가 아니다. 기업의 규모나 제공되는 경력개발 프로그램의 질에 따라 차이가 있을 수 있겠지만, 실제 설계에서 시행에 이르기까지 많은 시간과 비용이 필요하다. 또한 종업원들이 새로운 제도에 대해서 저항할 수도 있고, 경력개발 과정에서 자신의 역량에 대해서 실망하는 종업원이 나올 수도 있으며, 애써 키워놓은 능력 있는 종업원들이 다른 기업으로 빠져나갈 수도 있다.

그러나 효과적인 경력개발제도를 운영하여 성공하고 있는 기업들은 단기적으로도 경력개발제도의 개발로 인한 이익이 비용보다는 훨씬 크다고 평가하고 있으며, 장기적으로는 더욱 큰 이익을 가져다주는 것으로 분석하고 있다.

이들 기업들의 추진 사례를 살펴보면, 경력개발제도는 다음과 같은 4가지 전제조건 하에서 설계되어야 한다. 첫째, 최고 경영진이 경력개발제도에 대해 적극적으로 지지하고 관여하여야 한다. 왜냐하면 경력개발제도는 기업의 성장 전략, 투자전략과 관련되어 있을 뿐 아니라 기업 내의 각종 제도와 연관되어 있으므로, 전사적인 차원에서 다루어져야 하기 때문이다.

둘째, 종업원들이 제도설계에서 실행과 평가에 이르기까지 참여할 수 있는 방안이 강구되어야 한다. 경력개발은 직접 당사자인 종업원들이 적극적으로 자신의 역량을 개발하지 않는다면 실패할 수밖에 없기 때문이다.

셋째, 경력개발제도는 급변하는 환경 변화와 종업원의 요구에 맞추어 지속적으로 개선되어야 한다. 그리고 사업부 단위별로, 지역별로, 기능별로, 팀별로 필요한 역량에 따라 다르게 설계되어야 한다. 즉 경력개발제도는 표준 모델에 기반하여 적용대상과 적용시기에 따라 계속적으로 개선해 나가야 한다.

마지막으로, 경력개발제도의 실행 가능성을 높여야 한다. 예를 들면, 정보시스템을 구축하여 종업원들이 경력개발과 관련된 정보에 적시에 적절하게 접근할 수 있도록 하거나, 부하직원의 경력발달 정도를 상사의 보상과 연계시키는 것도 고려할 수 있을 것이다. 종업원들의 경력개발 프로세스는 [그림 5-4]와 같이 정보를 제공하고, 종업원의 역량을 파악한 후 장기적인 경력목표(Career Goal)를 설정하고 이를 달성하기 위해 역량을 개발해 나가며, 그 결과를 평가/피드백 하여 다시 정보를 얻는 순환적인 사이클을 이루고 있다.

[그림 5-4] 경력개발 프로세스

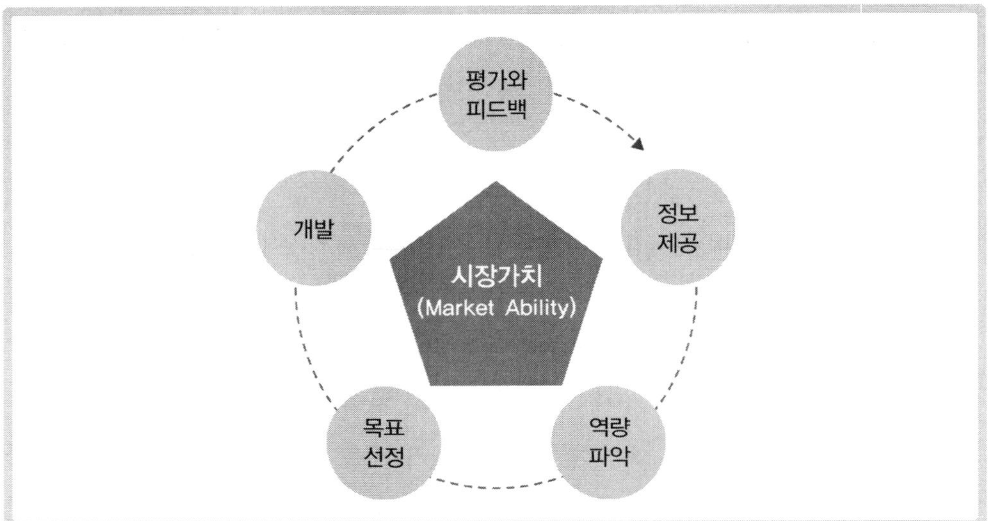

자료 : 함봉수 · 강상묵(2009), 서비스기업 인적자원관리, 백산출판사, p. 156.

1단계 : 정보제공(情報提供)

정보제공 단계의 초점은 종업원들이 경력개발을 하지 않으면 안 된다는 위기감을 갖게 하는 것이다. 이를 위해서 기업은 종업원이 자신이 처한 상황을 이해할 수 있게끔 정보를 제공해 주어야 한다. 기업이 제공해 주어야 할 정보는 크게 나누면 사회의 변화, 기술의 변화, 산업의 변화와 같은 기업 외부 정보와 기업의 비전, 기업의 성장 전략, 인적자원의 구성과 같은 기업 내부 정보로 나눌 수 있다.

2단계 : 역량파악(力量把握)

역량파악 단계의 초점은 말 그대로 종업원의 현재 역량을 분석하여 그 강약점을 파악하는 것이다. 기업이 종업원들의 역량 수준을 파악했다면, 파악된 역량의 시장 가치를 결정하고 기업 전체 또는 소속부서의 평균 수준과 비교하여 그 결과를 종업원들에게 알려주어야 한다. 이를 통해서 종업원은 자신의 가치와 강약점을 알게 되고 경력 목표를 설정하는데 도움을 얻게 된다. 또한 기업은 내부의 이용 가능한 인적자원조합(Human Capital Pool)을 파악하는 이익을 얻게 된다.

3단계 : 목표설정(目标设定)

이제 종업원들이 자신의 강약점에 기반하여 경력 목표를 결정하도록 지원하는 단계이다. 우선 기업은 종업원들이 제대로 된 경력 목표(Career Goal)를 가지고 있는가를 확인해야 한다. 즉 제대로 된 경력 목표라면 도전성, 실현 가능성, 종업원의 만족도, 비도구성, 포괄성, 유연성 등이 충분히 고려되어야 한다. 그리고 제대로 된 경력 목표를 갖지 못한 종업원들은 경력 목표를 설정하는 스킬이 부족하거나 경력 목표 설정과 관련된 정보가 부족한 경우가 대부분이다. 따라서 기업은 이를 해결해 주어야 한다.

종업원들이 경력 목표를 설정하게 되면 자신의 미래를 명확히 바라 볼 수 있게 되고, 목표를 달성하기 위한 행동 대안을 구체적으로 만들게 된다. 이로 인해 기업은 성과를 높일 수 있는 기회를 얻게 되고, 인적자원 계획을 효과적으로 운영할 수 있게 된다.

4단계 : 개발활동(开发活动)

목표를 달성하기 위한 구체적인 방안을 설계하고 이를 실행하는 단계이다. 기업은 종업원들에게 표준화된 복수경력 경로(Multiple Career Paths)를 제공하고, 종업원들은 기업이 제시하는 모델에 바탕하여 자기 나름의 경력 경로를 만들어 내게 된다. 그리고 이러한 경력 경로에 기반하여 종업원들이 목표 달성을 위한 역량을 개발하는 노력을 하는 것이 바로 이 단계이다.

이 때 기업은 경력 개발 활동이 실무와 연계되도록 노력하여야 한다. 즉 종업원이 담당업무 범위 내에서 경력 목표를 설정하였다면 효과적인 성과 평가와 피드백을 통해서 역량을 키워주어야 할 것이다.

만약 경력 목표가 종업원이 현재 담당하고 있는 업무 범위를 벗어난다면 특정한 교육/훈련 프로그램에 참여시키는 외에 일시적인 과업부가, 직무변환(Jop Change), 직무확대 등을 적극 고려해야 한다. 예를 들면, 종업원을 관련 있는 프로젝트에 참여시키거나 특별과제를 수행하도록 해야 한다.

5단계 : 평가와 피드백(评价和反馈)

평가는 목표설정 과정에서 선정된 항목을 통해 그 달성도를 파악하는 활동이다. 즉 종업원이 개발한 역량의 절대적인 수준보다는 애초에 설정된 목표를 얼마나 달성했는가로 평가하는 것이다. 그러나 이 단계에서 기업은 과연 경력목표가 궁극적으로 종업원의 역량 개발에 도움이 될 것인가를 다시 한 번 검토해 보아야 한다. 즉 종업원의 가치, 재능, 흥미, 라이프스타일과 적합한 목표인가? 목표를 추구하는 가운데에서 일어난 변화는 종업원이 받아들일 수 있는 수준인가? 현재 경력 목표와 부합하는 직무를 수행하고 있는가? 따위의 질문을 통해 종업원들이 현재의 경력개발 활동에 어느 정도 만족하고 있는가를 평가해야 한다.

평가가 끝나면 그 결과를 종업원에게 피드백을 해주어야 한다. 그러나 피드백은 단지 평가의 결과를 종업원들에게 알려주는 것만은 아니다. 평가 결과가 나왔을 때, 성공적인 경력개발을 해 온 종업원들은 그들의 열망과 역량을 고려하여 적재적소에 배치되어야 한다. 반면 부진한 경력개발을 해 온 종업원들은 재도전의 기회와 더욱 세밀한 지원뿐 아니라 적절한 수준의 페널티가 주어져야 한다. 즉 기업은 전반적인 인사정책의 결정에 경력개발의 결과를 적극 반영하여 경력개발제도가 생명력을 지니도록 해야 한다.

제3절 대한항공의 경력개발제도(大韩航空的职业发展制度)

나승우 · 김정순(2006)은 "연봉제 인사평가와 운영실무"에서 대한항공의 경력개발제도에 대해 다음과 같이 사례분석을 하였다.

대한항공은 1993년 6월 1일부로 일반직 직원을 대상으로 경력개발제도(CDP)를 시행하고 이를 1995년 1월부터 입안 · 추진 신(新)인사제도와 더불어 대한항공의 종합적 인재양성 프로그램으로서 정착시켜 나가고 있다. 대한항공의 경력개발제도의 목적은 직원의 적성 및 특성을 발견하여 적재적소 배치를 구현하고 체계적인 직무전환을 통해 잠재능력을 개발함으로써 다양한 역량을 보유한 관리자로 양성하는 데 있다.

1. 직무의 분류(职务的分类)

직원들의 직무경력관리를 위해 현재 일반직 직원이 수행하고 있는 전 직무를 5개 직군(여객영업운송, 화물영업운송, 재무, 본사일반, 현장지원)과 34개 대분류 직무로 나누고, 대분류 직무는 다시 123개의 소분류 직무로 분류하였다. 각 직무에 따라 코드를 부여하고 직원 개개인에 대해 경험해 본 직무와 경험희망 직무를 전산화하여 관리함으로써 직원 경력관리와 인사선발의 효율성을 높이는 한편, 직원들이 경력개발경로 설정 시 참고로 활용할 수 있도록 하고 있다.

2. 경력개발 단계(职业发展阶段)

대한항공은 대졸신입사원을 부서장으로 양성해가는 과정을 살펴보면, 크게 4단계로 나누어 볼 수 있다.

1) 자기계발 단계(自己发展阶段)

입사 후 초기 2년 동안 향후 관리자가 되기 위해 기본자격을 자기계발을 통해 습득함과 동시에 일선 현장 부서에서 서비스 마인드를 높이는 단계이다.

영어와 제2외국어, 한자, 전산, 실무자격에 대한 취득목표가 부여되고 외국어 교육, 여객 · 화물 초급과정, 실무과정 등의 교육에 우선 입과대상이 된다. 직무전환은 배치된 부서 내에서 이루어진다.

2) 직무확대 단계(职务扩张阶段)

입사 2년경과 후부터 차장급 승격 전까지 자신의 적성과 성장목표에 따라 다양한 직무를 경험하고 경영관리의식을 높이는 단계이다. 이 기간(대략 10년) 중 타직군의 직무 1개 이상 및 동일직군의 직무 2개 이상 경험을 원칙으로 직무전환이 이루어지며, 경영 · 회계과정, 마케팅 과정 등의 교육기회가 주어지며, 근무성적 우수자에게는 해외연수의 기회도 주어진다. 1단계에서 부과된 자격취득 목표를 달성하지 못한 직원은 지속적으로 노력하여 자격을 취득해야 한다.

3) 부문별 보임단계(部门补充任命阶段)

경력개발 2단계를 거쳐 차장급 직원에 대해 경험직무와 능력을 고려하여 팀장 또는 중소지점 지점장에게 보임하여 리더십을 함양하는 단계이다. 이 기간 중에 지점장 양성과정, 관리자 양성 프로그램 등의 교육기회가 주어지며, 외국어 능력을 감안 해외주재 근무의 기회도 주어진다. 한편, 부서장 · 지점장으로 양성이 필요한 자원 중 필요경력 미비자에게는 경력보완을 위한 직무전환도 병행하여 실시하게 된다.

4) 전략적 보임단계(战略补充任命阶段)

경력개발 3단계를 완료한 부장급 직원을 대상으로 현재까지의 경험직무, 근무실적 등을 종합적으로 감안 전략적으로 부서장 또는 대리점 지점장에 보임하여 회사의 중

추 간부로 활용할 수 있도록 하는 단계로서 경력개발의 최종 목표단계이다. 최신 경영기법 등에 대한 주기적인 교육을 통해 경영환경 변화에 대한 새로운 감각을 유지시키는 한편 실적과 성과에 대한 평가를 통해 경영진으로의 발탁여부를 결정한다.

[그림 5-5] 경력개발의 체계

	1단계 자기계발	2단계 직무확대	3단계 부문별 보임	4단계 전략적 보임
	입사 후 2년	대리 · 과장	차장	부장
	1차 직무	2/3차 직무	4차 직무	5차 직무
직무	전원 현장 배치 →	여객 · 화물 영업 · 운송 Line/Staff 상호직무이동 →	팀장 / 해외주재 →	부서장 / 지점장
교육	신입사원 해외연수 분야별 실무교육	단기파견 어학연수 Marketing School	KMDP 지점장 양성과정	경영관리 Seminar

자료 : 나승우 · 김정순(2006), 연봉제 인사평가와 운영실무, 미래와 경영, p. 55.

3. 자기신고 및 관리자 지도평가(自己申报及管理者指导评价)

직원의 직무적성과 인물유형을 파악하고 조직 내에서 성장목표에 다른 경험, 희망직무와 시기를 조사하기 위해 자기신고 및 관리자 지도평가를 실시한다.

이는 직원과 관리자가 경력개발에 관해 상호 협의하여 작성하도록 함으로써, 어느 일방만이 작성할 때 발생할 수 있는 오류를 방지하고 신고서 내용의 객관성을 높이는 한편, 관리자가 평상시 부하직원의 특징파악을 통해 성장 가능한 직무로의 전환을 유도하기 위한 것이다.

대한항공은 경력개발제도에 의거, 일반직 · 종합직부 직원 전체의 약 10%에 해당하는 150~200명 정도의 인원을 매년 3월과 4월, 10월에 직무전환을 실시하고 있다.

[그림 5-6] 대한항공 자기신고 및 관리자 지도평가표

년도

자기신고 및 관리자 지도평가서

※ **작성요령**

- 본 양식은 직원들의 적재적소 배치 및 경력개발을 위해 작성되는 것이므로 사실에 입각하여 신중하게 작성하여야 합니다.
- 뒷면의 1–2항은 대상자가 직접 작성하고, 3–5항은 대상자와 관리자가 합의하여 작성하여 주시기 바랍니다.
- 일반직원에 대한 작성지도는 팀장이, 팀장에 대한 작성지도는 부서장이 실시하며, 작성 완료 후 상호 날인 바랍니다.
- 본 양식 작성 시 '첨부#1 자기신고서 작성 요령' 및 '첨부#2 직군 및 직무 분류표'를 참조하시기 바랍니다.

1. 작성자 인적사항

부서 · 팀	급호	직원번호	성명
담당직무		(직무코드)	

2. 부서장 확인

부서	직책	직원번호	성명

(앞면)

1. 현 직무 만족도(1–4점)

A. 업무에 대한 흥미 (　) B. 업무능력 발휘정도 (　) C. 업무실적에 대한 보상 (　)

D. 상하간의 의사소통 (　) E. 근무분위기 (　)

2. 자기평가

1) 인물유형	2) 능력(순위)	3) 직무적성
실천형 ⓐ…ⓑ…ⓒ…ⓓ 이론형 섭외형 ⓐ…ⓑ…ⓒ…ⓓ 사무형 Line형 ⓐ…ⓑ…ⓒ…ⓓ Staff형 신규개척형 ⓐ…ⓑ…ⓒ…ⓓ 유지개발형	A. 정보관리 (　) B. 기획 (　) C. 판단 (　) D. 추진 (　) E. 대인관계 (　)	A. 본사일반 (　) B. 재무 (　) C. 여객영업 (　) D. 여객운송 (　) E. 화물영업 (　) F. 화물직송 (　) G. 현장직원 (　)

4) 자질 · 능력상의 장단점(구체적으로 진술)

3. 성장목표(부서장급 : 부서코드/직위코드)

1지망		2지망		3지망		기타	

4. 경력개발경로(입사 후 현재까지 직무와 본인의 특징을 최대한 살릴 수 있는 경험희망 직무를 목표 Post까지 기입)

기경험 직무				경험희망직무			
기간(년/월)	직무	CODE	부서	기간(년/월)	직무	CODE	부서

5. 직무전환 희망

1) 전환희망	부서	직무	CODE	2) 전환희망시기
1지망 2지망 3지망 당분간 현 직무수행				A. 6개월 이내 (　) B. 1년 이내 (　) C. 2년 이내 (　) D. 당분간 전환불요 (　)

작성일자 : . . .	작성자	인	작성자	인

(뒷면)

자료 : 나승우 · 김정순(2006), 연봉제 인사평가와 운영실무, 미래와 경영, pp. 57–59.

제5장

경력개발의 요약
(对职业发展的概括说明)

경력개발(career development)은 조직의 목표에 개인이 달성하려는 경력목표를 설정하여, 합치될 수 있게 조직과 개인의 욕구를 합치시키는 것이다.
조직에서 운영하는 경력개발제도(CDP : Career Development Program)란, 조직구성원 개개인에 대해서 조직의 니즈(needs)와 본인의 희망을 조화시켜 장기적인 경력계획을 수립하게 하는 것이다. 이 계획과 결부시켜 직무순환(승진, 전속, 직무변경) 및 교육훈련을 행하는 종합적 프로그램이기도 하다.
대한항공의 경력개발제도는 직원들의 전직무를 5개 직군(여객영업운송, 화물영업운송, 재무, 본사일반, 현장지원)과 34개 대분류 직무로 나누고 있다. 대분류 직무는 다시 123개의 소분류 직무로 분류하고 있다. 각 직무에 따라 코드를 부여하고 직원 개개인이 경험해 본 직무와 경험희망 직무를 전산화하여 관리함으로써 직원 경력관리와 인사선발의 효율성을 높이고 있다.

职业发展开发是在组织的发展目标中设定个人要达成的职业目标、并将二者结合起来的组织和个人需求的结合体。
组织运营的职业发展开发计划(CDP : Career Development Program)是指针对每个组织成员、将组织的需求(needs)和个人的希望结合起来、制订长期的职业发展开发计划。本计划也是和职务循环(晋升、调动、职务变更)及培训结合起来的综合计划。
大韩航空的职业发展开发计划将全部职务分为5个大的职群(旅客经营运输、货物经营运输、财务、总部一般职务、现场支援)和34个大分类的职务。大分类职务又分为123个小分类职务。给各个职务赋予代码、将每个职员从事过的职务和希望从事的职务进行电算化管理、提高职员的职业管理和人事选拔的效率。

Chapter 06

인사평가(人事评价)

Chapter 06 인사평가(人事评价)

제1절 인사평가의 이해(人事评价的理解)

1. 인사평가의 개념(人事评价的概念)

일반적으로 직무수행평가, 성과평가, 인사평정 등과 동일한 용어로 쓰이는 인사평가(performance appraisal)는 종업원이 기업의 목적 달성에 얼마나 기여하고 있는지 혹은 기여할 수 있는지에 대한 기업의 평가활동을 의미한다. 일반적으로 인사평가는 종업원이 기업의 목적 달성에 얼마나 기여하고 있는지에 대한 평가인 성과평가와 종업원이 기업의 목적 달성에 얼마나 기여할 수 있는지에 대한 평가인 능력평가로 구분된다.

성과평가는 이미 발휘된 업적을 평가한다는 의미에서 업적평가 혹은 발휘업적평가라고도 불리며 능력평가는 종업원이 보유, 발휘할 수 있는 잠재적 업적을 평가한다는 의미에서 보유업적평가라고 한다.

인사평가는 직무수행자의 자격요건과 직무성과의 관계를 알려줌으로써 인적자원 확보의 중요한 기초자료가 된다. 또한 인사평가, 특히 성과평가는 인적자원 보상에 매우 중요한 기초자료를 제공한다. 성과평가의 본질적 목적은 종업원이 기업의 목적달성에 기여한 정도를 평가하여 이에 대한 보상을 결정하는 기초로 삼는 것이다. 목적달성에 기여한 정도가 큰 종업원들에게는 높은 임금과 승진 등의 보상을 제공하고 그렇지 못한 종업원들에게는 낮은 임금과 징계 등을 결정한다.

[그림 6-1] 인적자원관리와 인사평가

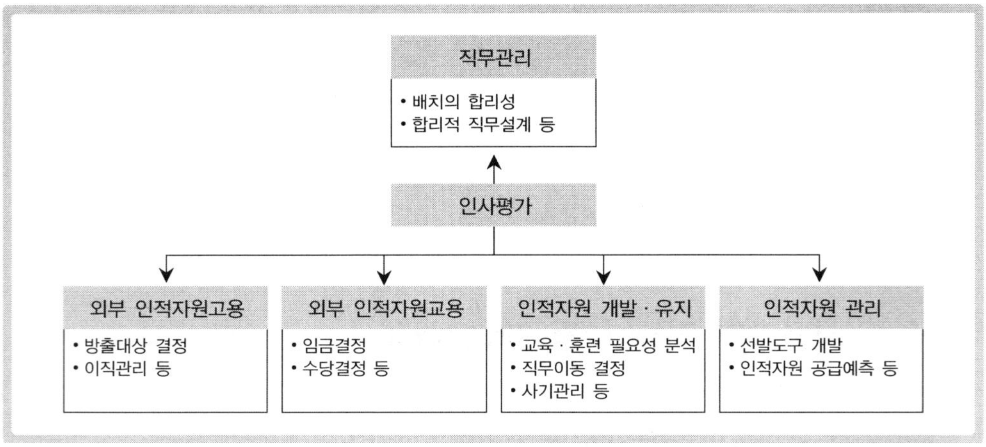

자료 : 박경규(2001), 신인사관리, 홍문사, p. 252, 수정 · 보완.

[그림 6-2] 인사평가의 위치와 영향

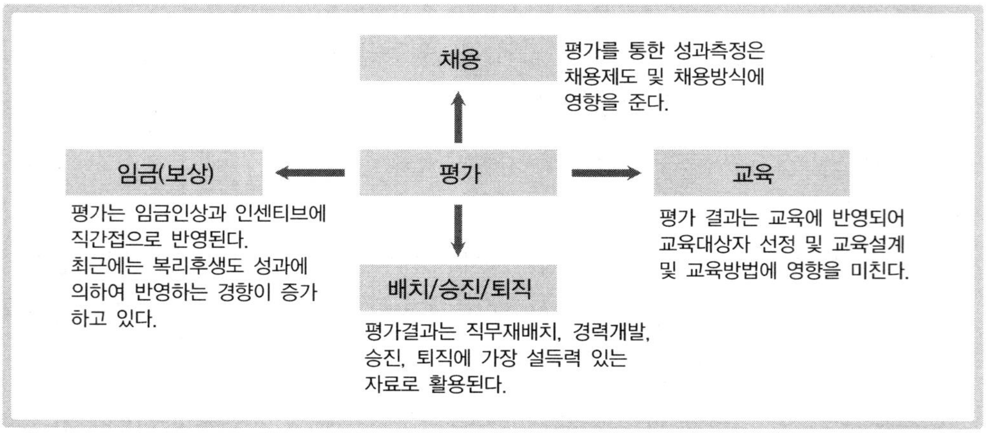

자료 : 함봉수 · 강상묵(2009), 서비스기업 인적자원관리, 백산출판사, p. 184.

2. 인사평가의 기준(人事评价的基准)

인사평가의 목적을 효과적으로 달성하기 위해서는 타당성, 신뢰성, 수용성, 신뢰성과 같은 기준을 갖추어야 한다.

1) 타당성(Validity; 妥当性)

평가가 타당해야 한다는 말은 인사평가의 목적에 맞도록 평가가 이루어져야 한다는 뜻인데, 그러기 위해서는 평가요소 선정이 평가목적과 일치해야 된다. 인사평가를 하는 목적이 보상을 위함인지 교육개발을 위함인지 이동배치를 위함인지를 분명히 하고 그것을 위한 평가요소를 선정하여 관리를 해야 할 것이다.

인사평가의 타당성 증대하기 위해서는 첫째, 목적별로 평가하여야 한다. 평가의 목적은 임금책정, 교육 · 훈련, 승진 · 이동, 동기유발 등 여러 가지가 있을 수 있는데, 시의적절한 목적에 맞는 요소를 찾아내어 평가해야 한다.

둘째, 평가집단의 세분화이다. 회사의 전체 종업원을 평가하기 위한 공통 항목도 필요하지만 때로는 직종별, 직급별로 세분화하여 각 집단에 알맞은 차별화된 평가요소를 적용해야 할 것이다.

2) 신뢰성(Reliability; 信赖性)

일단 평가요소가 정해지면 그 요소들을 얼마나 정확하게 측정하느냐가 중요한 문제이다. 오류와 평견에 주의하여 평가하기 위해서는 평가제도의 개선과 평가자의 교육이 필요하다.

신뢰성 증대방안으로는 첫째, 상대평가와 절대평가를 상황에 맞춰 적절하게 사용해야 한다. 교육훈련의 필요성을 파악하기 위해서는 절대평가를, 승진대상자 선발을 위해서는 상대평가를 사용하면 평가오류를 줄일 수 있다.

둘째, 평가결과를 공개해야 한다. 평가결과를 피평가자에게 피드백 시키면 그 평가가 평가자의 개인적인 감정이나 연고에 따라 편파적으로 행해지지 않았음을 어느 정도 입증할 수 있다.

셋째, 인사평가를 다면평가로 실시해야 한다. 여러 사람이 평가하여 최고점과 최하점을 빼고 나머지 점수만 합산하여 사용한다면 신뢰성은 높아진다.

3) 수용성(Acceptability; 接受性)

인사평가의 제도, 절차, 결과에 대해 피평가자들이 인정하지 않는다면 그 역시 무용지물이 될 뿐만 아니라 종업원들의 불만이 높아지기도 한다. 그러나 평가제도나 절차가 합리적이며 공정하다고 느껴지면 피평가자인 사원들은 그 결과에 쉽게 승복하고 평가결과에서 지적된 내용을 받아들이면서 자기행동을 반성하고 개선하려고 노력할 것이다.

수용성을 증대시키기 위해서 첫째, 종업원이 참여되어야 한다. 평가요소를 선정할 때나 평가방식을 만들 때 종업원들은 참여시키고 이를 공개해야 한다. 둘째, 교육·훈련이 병행되어야 한다. 종업원들이 이해 못하는 부분이나 새로운 제도는 교육을 통해 설명하고 정확한 평가를 할 수 있도록 평가자들을 훈련시켜 여러 가지 평가오류가 발생하지 않도록 한다.

4) 실용성(Practicability; 实用性)

[그림 6-3] 인사평가의 기준

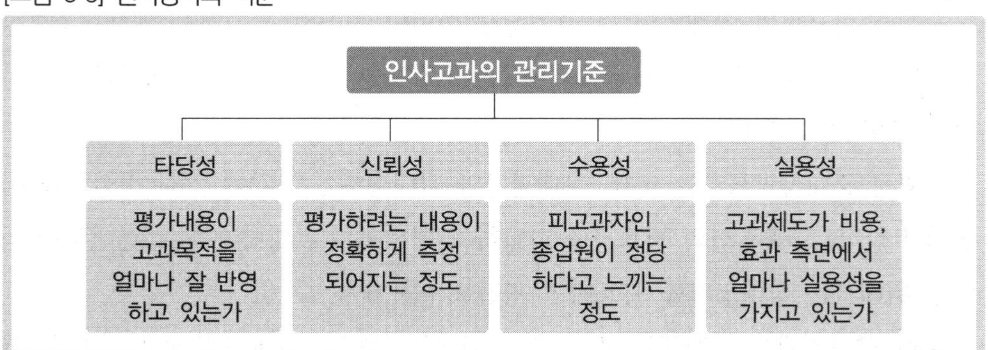

자료 : 함봉수·강상묵(2009), 서비스기업 인적자원관리, 백산출판사, p. 186.

실용성은 유형 · 무형의 비용이 많이 들기 때문에 인사평가로 얻는 이득이 더 많아야 한다는 것이 실용성의 문제이다. 실용을 증대시키기 위해서는 상황에 적합한 투자와 평가의 분별력을 높여주어야 한다.

제2절 인사평가의 방법(人事评价的方法)

1. 인사평가 주체와 시기(人事评价的主体和时期)

평가자(rater)란, 정해진 인사평가의 방법과 절차에 따라 피평가자를 평가함으로서 인사평가를 수행하는 사람을 의미한다. 인사평가에 있어서 평가자는 매우 중요한 의미를 지닌다. 왜냐하면 누가 평가자가 되는가에 따라 인사평가의 신뢰성, 수용성 등이 달라질 수 있기 때문이다.

[그림 6-4] 인사평가의 평가주체

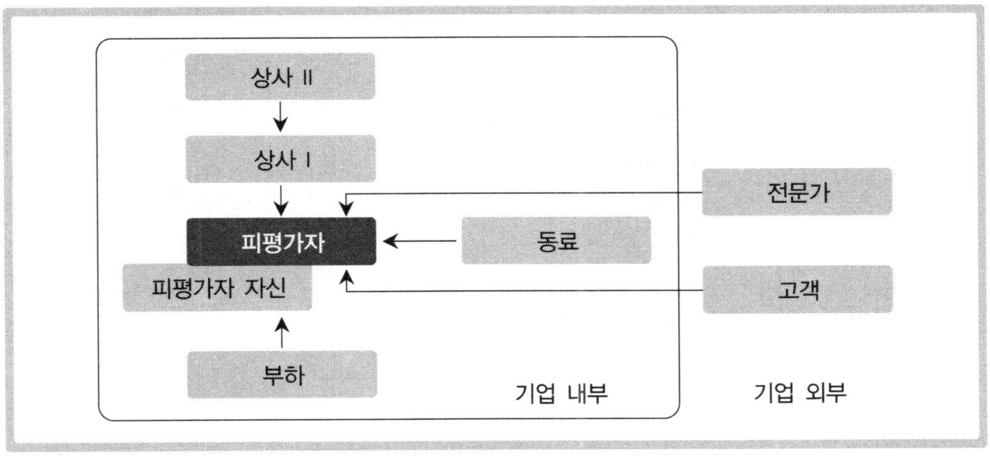

자료 : 함봉수 · 강상묵(2009), 서비스기업 인적자원관리, 백산출판사, p. 187.

따라서 평가자 선정이 매우 중요한 문제이며, 직무태도에 관한 인사평가, 즉 태도평가의 경우 피평가자의 직무태도에 관한 가장 정확한 정보를 지니고 있는 사람은 아마도 동료직원이 될 것이다. 고객만족을 전략적 목표로 설정한 서비스기업의 성과평가의 평가자로는 소비자가 적절할 것이다.

평가를 일 년에 몇 번 실시하는가의 결정은 수익 · 비용 측면에서 판단해야 한다. 따라서 성과평가를 위한 정기적인 인사평가와 병행하여 인사평가의 필요가 제기될 때마다 인사평가를 실시하는 것이 이상적이다. 예를 들어, 입사 직후 배치 직전, 전환 · 승진 · 이동 배치 시, 교육 · 훈련 참가자 선발 시, 보너스 · 인센티브 책정 시, 상급자 교체 시 등의 필요가 있을 때, 임금을 비롯한 보상의 크기를 조정해야 할 때 등 다양한 경우에 인사평가의 필요와 이에 따른 인사평가의 실시가 요구된다.

[그림 6-5] 인사평가의 시기

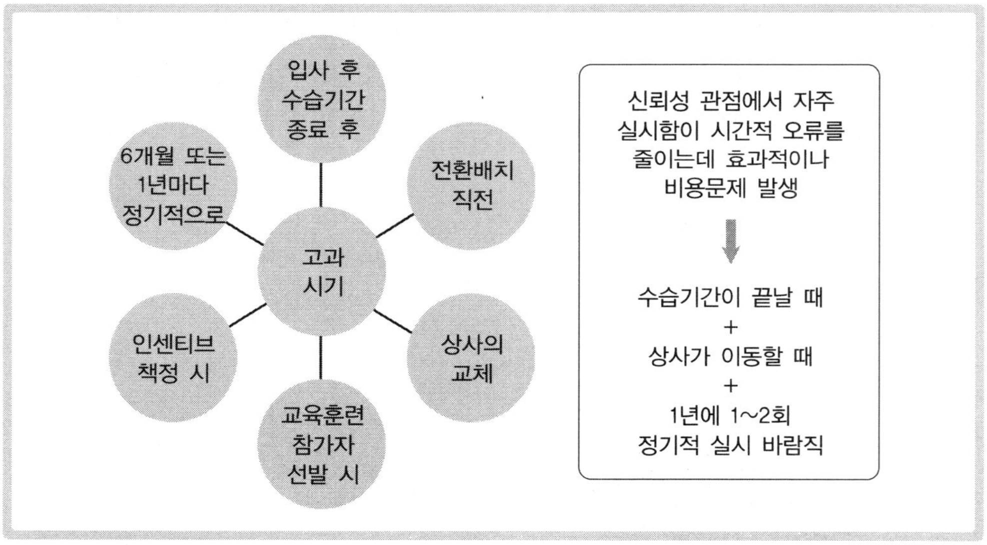

자료 : 함봉수 · 강상묵(2009), 서비스기업 인적자원관리, 백산출판사, p. 189.

2. 인사평가방법(人事评价方法)

1) 관찰법(观察法)

평가자가 피평가자의 일하는 모습을 관찰하는 방법으로, 다른 어느 최신기법보다 정확한 결과를 도출할 수 있다. 예를 들어, 종업원들이 업무시간에 메신저를 사용하여 업무 이외의 일로 누군가와 메시지를 주고받고 있는지 등을 관찰할 수 있다.

2) 서열법(排名法)

서열법(ranking method)는 피평가자의 성과, 능력 및 태도 등 평가내용을 비교하여 상대적 순위를 부여하는 방법이다.

〈표 6-1〉 서열법의 예

구분	현재능력	잠재력	태도	업적	순위합계	최종순위
피평가자A	3	3	4	4	14	4
피평가자B	1	2	3	2	8	2
피평가자C	4	1	1	1	6	1
피평가자D	2	4	2	3	11	3

자료 : 이학종(2001), 전략적 인적자원관리, 세경사, p. 439, 수정・보완.

3) 평정척도법(评定尺度法)

평정척도법(rating scale method)는 서열법 중 대인비교법과 유사한 방법이지만 대인비교법이 서열을 매기는 반면 평정척도법은 사전적 기준에 근거하여 등급을 매긴다.

즉 성과, 능력, 태도 등 구체적인 평가내용에 따라 평가요소를 선정하고 사전적으로 평가요소별로 등급화된 기준에 따라 피평가자를 평가하는 방법이다. 점수가 등급별로 부과되어 서열법의 단점을 피할 수 있으나 평가자의 관대화, 가혹화 오류 등을 피하기 어렵다.

〈표 6-2〉 평정척도법의 예

척도 / 평가요소	1등급	2등급	3등급	4등급	5등급
외국어 능력	매우 뛰어남 ☐	뛰어남 ☑	보통 ☐	떨어짐 ☐	매우 떨어짐 ☐
고객 응대력	요구수준에 부족 ☐	요구수준에 약간 부족 ☐	요구에 충족 ☐	요구에 초과충족 ☑	요구에 완전충족 ☐
시스템 활용능력	매우 뛰어남 ☐	뛰어남 ☐	보통 ☐	떨어짐 ☐	매우 떨어짐 ☑

자료 : 이수광·이재섭(2003), 서비스산업의 인적자원관리, 대왕사, p. 332, 수정·보완.

4) 체크리스트법(清单法)

체크리스트법(checklist method)은 성과, 능력, 태도 등 구체적인 평가내용과 관련된 표준행동(standard behavior)을 제시하고 표준행동을 이행했는지의 여부 및 어느 수준으로 이행했는지를 평가하는 방법이다.

〈표 6-3〉 체크리스트법의 예

평가요소 : 리더십		
가중치		
4	■	부하들에 대해 공정한 인사를 한다.
4	□	부하들 신망이 두텁다.
2	■	문제에 부딪치면 결단력 있게 해결한다.
2	□	다른 부서장들과 좋은 관계를 갖는다.
1	■	부하들의 감정까지 읽으면서 통솔한다.
5	■	부하들로부터 실력이 있다는 평을 많이 듣는다.
총점 : 12점(4+2+1+5)		

자료 : 함봉수·강상묵(2009), 서비스기업 인적자원관리, 백산출판사, p. 191.

5) 목표관리법(目标管理法)

목표관리법(MBO : Management By Objective)은 직원으로 하여금 스스로 목표를 세우게 하는 경영관리기법의 하나이며, 스스로 세운 목표를 기준으로 종업원을 평가한다는 관점에서 인사평가기법으로도 활용된다.

〈표 6-4〉 목표관리법의 예

직위	목표
객실승무원	6월 1일까지 고객만족평가 5% 초과 달성
운항승무원	6월 1일까지 항공기 연착률 10% 감소
인사관리자	6월 1일까지 사무직원의 이동률을 20%에서 10%로 감소
생산기술직	6월 1일까지 신규공정 개발 및 설계 60% 달성

자료 : 저자 작성.

6) 다면평가제도(全方位评价制度)

가. 다면평가의 도입목적(引进全方位评价的目的)

다면평가제도의 도입에 따른 긍정적인 효과는 크게 3가지로 요약할 수 있다. 첫째, 동료나 부하사원이 피평가자(상사, 동료)에 대해서 평소 관찰을 통해 느낀 점을 평가를 통해서 전달하고 피평가자는 이를 수용하는 과정을 통해 상하간, 부서간에 원활한 커뮤니케이션이 이루어져 조직 활성화를 도모할 수 있다는 점이다.

둘째, 평가결과를 통해 부하나 동료로부터 자신의 장·단점을 피드백 받을 수 있어서 자기역량 강화에 도움을 받을 수 있다는 점이다. 이러한 평가자료를 토대로 피평가자의 직속상사는 피평가자가 자신의 장점을 보다 더 잘 발휘하여 조직목표를 효과적으로 달성할 수 있게 제반 환경을 지원할 수 있고, 단점에 대해서는 이를 보완하고 개선할 수 있도록 육성 프로그램에 반영할 수 있는 것이다.

셋째, 평가과정에 부하나 동료도 함께 참여함으로써 직속상사가 부하 사원을 일방적으로 평가하는데서 나타날 수 있는 부작용을 최소화할 수 있으며 이를 통해 평가의 납득성을 제고할 수 있다는 점이다.

결국 다면평가제도는 동료, 부하, 고객 등 다양한 각도에서 자신을 재발견하도록 유도하고 평소에 상사와 부하 간, 동료 간, 부서 간 서로 관심을 갖게 함으로써 친밀한 조직문화를 만들어 나가는데 궁극적인 목적이 있는 것이다.

나. 다면평가의 성공적인 관리방안(全方位评价成功的管理方案)

다면평가제도가 성공적으로 운영되기 위해서는 첫째, 평가의 익명성이 철저히 보장되어야 한다. 평가를 하는 부하사원이나 동료들이 자신의 신분이 해당 피평가자에게 노출되지 않는다는 확신이 없을 경우 솔직하고 진지한 평가를 기대할 수는 없기 때문이다.

둘째, 평가자들의 의식이 성숙되어야 한다. 평가의식의 성숙을 위해서는 지속적이고 체계적인 평가자 교육이 절실히 필요하다. 왜냐하면 평가에 대한 정확한 이해가 수반되지 않으면 주관적인 평가에 치우쳐 구성원 간 갈등을 일으킬 소지가 있기 때문이다. 따라서 종업원들에게 다면평가제도의 취지, 실시방법, 활용방법 등에 대해 교육이 필요하다. 또한 평가는 진정으로 피평가자의 능력 개발을 도와준다는 깊은 애정에서 출발해야 한다는 것을 지속적으로 전파하는 것이 필요하다.

셋째, 다면평가의 결과는 반드시 본인에게 피드백되어야 한다. 왜냐하면 이 제도의 목적이 다양한 위치에 있는 사람의 평가를 통하여 피평가자의 능력 부족부분을 명확히 파악하여 개선시키는 것이기 때문이다.

넷째, 목표설정과도 연관성을 갖도록 해야 한다. 예를 들면, 변화와 혁신 추진부분이 미흡한 것으로 평가 결과가 나왔다면 이에 따른 구체적인 개선 목표를 설정하도록 하여 그 부분에 대해 개선 활동들이 전개되도록 한다. 그리고 일정기간이 지난 후 다시 그 향상 여부에 대해 평가하여 균형 잡힌 능력개발이 이루어질 수 있도록 해야 한다.

3. 인사평가의 문제점(人事评价问题的焦点)

1) 현혹효과(Halo Effect; 光环效应)

현혹효과는 한 분야에 있어서의 피평가자에 대한 호의적 또는 비호의적인 인상이 다른 분야에 있어서의 그 피평가자에 대한 평가에 영향을 미치는 것을 말한다. 현혹효과에 의한 오류를 방지하기 위해서는 첫째, 피평가자에 대한 선입견, 편견을 버려야 한다. 즉 인상과 선입관을 배제하고 결과와 사실을 객관적으로 인식할 수 있도록 해야 한다. 둘째, 분석평가를 실시한다. 셋째, 대상이 되는 피평가자에 대해 평가요소별로 평가를 한다. 넷째, 사실에 입각해서 평가를 하는 등의 마음가짐을 갖는 것이 중요하다. 마지막으로, 평가요소의 선택을 적절히 하는 것으로, 평가항목을 줄이거나 여러 평가자가 동시에 평가하는 다면평가의 활용이 필요하다.

2) 관대화 경향(Leniency Errors; 宽大倾向)

관대화 경향(Lenience tendency)은 '피평가자의 실제 업적이나 능력보다 높게 평가하는 경향'으로 개념적으로 정의되며, 이와 반대로 실제보다 낮게 평가하는 경향을 엄격화 경향(Strictness tendency 또는 severity tendency)이라고 한다.

관대화 경향을 방지하기 위한 방안으로는 첫째, 구체적인 사실에 의거하여 평가를 하며, 둘째, 평가요소를 통해 평가를 하며, 셋째, 절대평가를 실시하며, 넷째, 직무수행과정이 평가대상이 된다는 원칙을 재확인하고 사적인 관계에 대한 감정을 제거하며, 다섯째, 평가자에게 평가점수에 따른 인원비율을 설정하여 전체 평가결과가 중간점수를 기준으로 정규분포가 되도록 요청하며, 여섯째, 평가자에 대한 체계적인 훈련 등을 들 수 있다.

3) 중심화 경향(Central Tendency Errors; 中心化倾向)

중심화 경향(centeral tendency)은 '피평가자들을 모두 중간점수로 평가하려는 경향'을 말한다. 이 오류는 평가자가 잘 알지 못하는 평가차원을 평가하는 경우, 중간

점수를 부여함으로써 평가행위를 안전하게 하려는 의도에 의해 이루어지는 오류라고 할 수 있다.

중심화 경향을 방지하기 위한 방법으로는 첫째, 평가자에 대해 인사평가의 구조, 평가요소 및 평가방법을 이해시키는 것, 둘째, 평가자에 대한 평소의 지도를 통해 특성을 파악하는 것, 셋째, 분포제한을 두는 것 및 평가척도를 세분화해서 평가점수의 분산을 고안하는 것 등을 들 수 있다.

4) 논리적 오류(Logical Errors; 逻辑错误)

논리적 오류는 평가자의 평소 논리적인 사고에 얽매여 임의적으로 평가해 버리는 경우를 말한다. 이는 각 평가요소 간 논리적인 상관관계가 있는 경우 비교적 높게 평가된 평가요소가 있으면 다른 요소도 높게 평가하는 경향을 말한다. 예를 들어, '지식이 많은 사람은 이해력도 많다'라고 평가하는 경향을 말한다.

현혹효과가 평가자 개인의 특성에 의한 평가상의 오류인데 반해, 논리적 오류는 평가자가 각 평가요소 간 논리적으로 일치된다고 생각하는 데서 생기는 오류이다. 이러한 논리적 오류는 다음과 같은 방법에 의하여 제거할 수 있다. 첫째, 추상성이 높은 요소나 의미 내용이 중복되는 요소에 의하여 평가하는 평가양식들을 설계하지 말고 객관적으로 관찰 가능한 사실을 평가하는 방법을 사용한다. 둘째, 요소에 대한 정의와 설명을 충분히 한다. 특히 유사한 요소가 있을 경우에는 그 착안점의 상이를 명확히 한다. 셋째, 평가자는 인사평가의 운용기준을 반드시 지키며 주관적인 판단이나 추측에 의하여 평가해서는 안 된다. 넷째, 유사한 평가요소에 대해서는 가능한 한 시간을 두고 평가를 한다.

5) 연공오류(Seniority Errors; 论资排辈错误)

피평가자의 학력이나 근속연수, 연령 등 연공에 좌우되어서 발생하는 오류를 의미한다. 예를 들어, 학력이 대졸자와 국졸자가 있을 때 전자는 더 높게 평가해버리는 경향을 말한다.

6) 시간적 오류(Recency Errors; 时间性错误)

시간적 오류란, 평가자가 피평가자를 평가함에 있어서 쉽게 기억할 수 있는 최근의 실적이나 능력중심으로 평가하려는 데서 생기는 오류를 말한다. 일부 피평가자들은 이러한 오류경향 때문에 인사평가 시기가 다가오면 평가자에게 특히 잘 보이려고 노력하는 것을 흔히 볼 수 있다.

이러한 오류는 중요사건법이나 목표관리법(MBO), 부정기적인 평가 등을 통해 줄일 수 있다. 또한 평가자가 평가수첩에 의하여 평소에 기록하게 하는 방법도 유효하다.

제3절 항공사 인사평가(航空公司人事评价)

1. 대한한공의 인사평가(大韩航空的人事评价)

대한항공의 평가제도는 일을 통해 나타나는 개개인의 역량과 회사에 대한 기여도 측정을 중심으로 구성되어 있다. 공정하고 객관적인 평가제도를 운영함으로써 투명한 인사관리를 구현하고 있으며, 단순한 사정(査定)을 뛰어넘어 직원 육성을 위한 평가제도를 확립하고 있으며, 또한 평가 결과의 피드백을 통하여 개인 역량의 향상을 도모하고 있다.

1) 인사평가 운영기반(人事评价运营基础)

인사평가 운영은 객관성과 공정성을 평가원칙으로 삼고, 상 · 하위자 간의 쌍방향 커뮤니케이션의 평가방식을 채택하고 있다. 평가는 웹(Web)을 기반으로 한 On-line 시스템으로 운영되고 있다.

[그림 6-6] 대한항공 인사평가 운영기반

평가원칙	객관성, 공정성
평가방식	상 · 하위자 간의 쌍방향 Communication
평가원영환경	Web을 기반으로 한 On-Line System

자료 : http://recruit.koreanair.co.kr

2) 인사평가 요소(人事评价要素)

인사평가는 역량부문, 인물유형 · 직무적성부문, 성과부문, 상사 리더십 부문의 4가지 요소를 [그림 6-7]의 내용에 착안하고 있다. 특히 객실승무원에게는 사무장의 직무평가가 있고, 고객들에 의한 VOC(voice of customer), 즉 칭송과 불만의 평가가 있다.

[그림 6-7] 대한항공 인사평가요소

❑인물유형, 직무적성 부문
- 업무수행을 통하여 보여지는 행동유형, 조직 적응도를 판단하는 것으로서 적재적소에 배치 여부, 양성, 직무전환 등을 위한 자료로 활용하게 된다.

❑상사 Leadership 부문
- 부하직원이 해당 관리자의 조직관리에 대한 만족도와 관리스타일을 측정하는 것으로서 조직 활성화의 차원에서 실시하고 있다.

❑역량부문
- 직급/직종별로 요구되는 기대역할에 따라 5가지 역량범주로 구분하여 평가항목을 차등적용하고 있다.

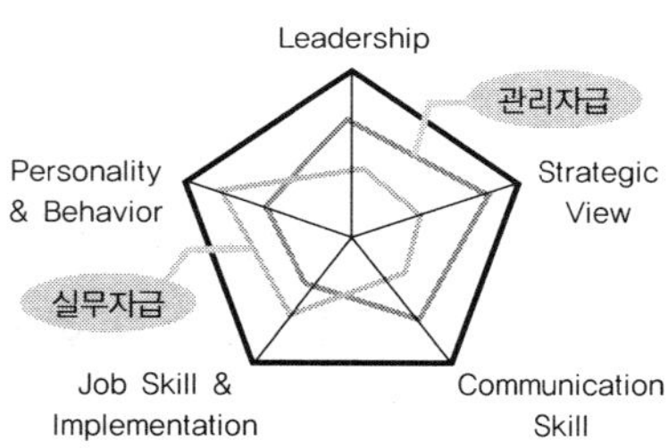

❑성과부문
- 수행한 업무의 수준 및 결과에 대하여 측정하며, 2가지 기준을 적용하고 있다.

기여도 • 수행한 업무의 결과가 회사목표 달성에 얼마나 기여했는지를 측정한다.

난이도 • 수행한 업무가 당사자의 직급, 기대 역할에 비해 얼마나 높은 수준이었는지를 측정한다.

자료 : http://recruit.koreanair.co.kr

3) 인사평가 운영체계(人事评价运营体系)

인사평가 결과는 종합 분석되어 [그림 6-8]와 같이 인사관리에 반영되고 인재양성과 개발자료로 활용된다.

[그림 6-8] 대한항공 인사평가 운영체계

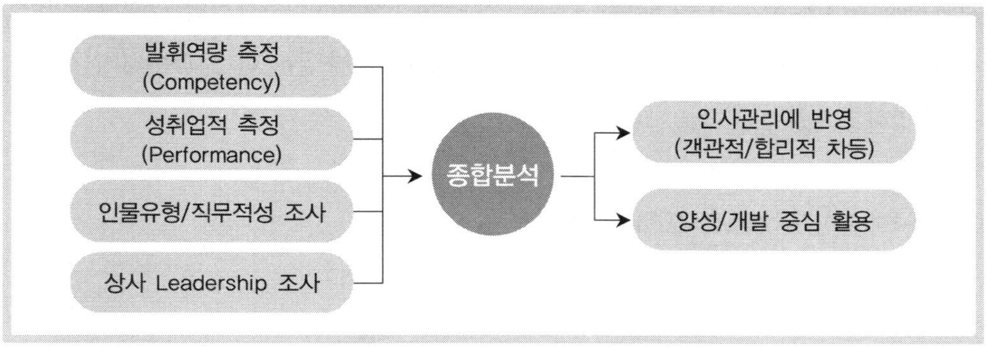

자료 : http://recruit.koreanair.co.kr

2. 아시아나항공의 인사평가(韩亚航空的人事评价)

아시아나항공은 기존의 연공서열 및 평등개념을 탈피하여 업적과 능력, 직무의 난이도 등에 따른 차등보상을 확대하여 모든 인사제도를 '역량'과 '업적'을 중심으로 하는 성과주의에 입각하여 체계화하고 있다.

[그림 6-9] 아시아나항공 인사평가 기본운영체계

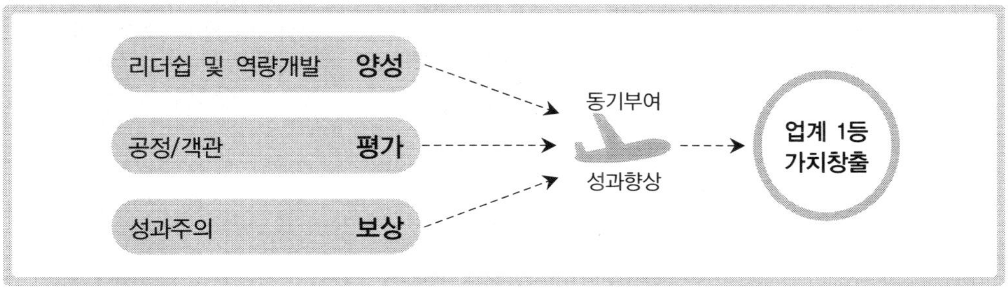

자료 : https://recruit.flyasiana.com

이러한 성과주의 인사제도가 제대로 정착하기 위해서는 평가제도가 뒷받침되어야 하는 바, 아시아나항공은 공정하고 객관적인 성과관리시스템을 도입하여 운영하고 있다. 또한 단순히 성과의 평가와 보상을 넘어 기업의 성패와 직결되는 직원 개개인의 성과향상을 도모하기 위해 경력 및 역량 개발 프로그램을 함께 운영하고 있다.

아시아나항공은 이미 결정된 사후적인 결과에 대한 평가뿐만 아니라 본질적인 성과창출을 선도할 수 있도록 유도하고 있다.(목표설정 및 중간점검/코칭 프로세스 강화) 또한, 공정하고 객관적인 평가시스템을 통해 보다 투명한 성과주의 인사제도를 운영하고 있다.

[그림 6-10] 아시아나항공 성과관리 프로세스

목표설정	코칭 및 중간점검	성과평가
» 기대되는 목표 달성 수준에 대한 협의 » 역량 개발계획 수립	» 관찰 및 목표 수행 과정 Monitoring » 피드백 제공, 지도 및 바람직한 성과 및 행동양식의 강화 » 필요 시 목표의 수정	» 공식적 성과 평가 » 평가 면담 및 보상과의 연계 » 차기 목표 설정을 위한 준비

자료 : https://recruit.flyasiana.com

3. 외국 D항공의 객실승무원 평가(外国D航空的客舱乘务员评价)

D항공의 객실승무원 평가는 국내항공사의 상·하위자 간에 쌍방향 communication 외에 본부 외국인사무장의 한국승무원 평가가 추가된다. 평가는 평가항목을 서술형으로 기록하게 되어있다. 고객평가는 국내항공사의 VOC와 마찬가지의 칭찬 카드제도를 운영하고 있다.

평가는 매년 1월 1일에 기본점수 100점을 주고 가감평가를 한다. 가감평가는 외국인사무장, 선배, 후배가 하는 평가와 병가, 지각, 준비물(여권, ID카드, 매뉴얼, 앞치마 등) 미비와 비행 전 선배로부터 Appearance 점검에 미비되면 감점이 된다. 이러한 평가결과로 매년 베스트 승무원을 선발하고 인사에 반영한다.

제4절 인사평가의 발전방향(人事评价的发展方向)

1. 인재육성형 인사평가(人才型人事评价)

인사평가의 활용은 크게 두 가지로 구분해 볼 수 있다. 하나는 처우 면이고, 다른 하나는 육성면에서의 활용이다. 종전까지는 주로 승진, 승격, 상여금 등 처우면에 치중되어 있었다면 지금부터는 능력개발과 교육훈련, 배치전환에 중점을 두는 평가체계로 실행되어야 할 것이다.

2. 다목적 인사평가(多功能人事评价)

인사평가의 활용목적은 첫째, 종업원의 능력이나 업적 공헌도를 객관적인 기준으로 평가하여 공평하고 공정한 인사처우를 실현하기 위해 승진, 승격, 승급, 상여금에 활용되어야 하고, 둘째, 종업원의 능력이나 적성을 분석 평가하여 적재적소의 배치를 실현하기 위해 배치 이동에도 활용되어야 하며, 셋째, 현재 혹은 장래의 직무수행 능력과 본인의 능력 발휘도나 신장도를 비교하여 교육훈련의 필요성 여부와 계발에 필요한 것을 파악하기 위해 교육훈련, 능력개발, 육성에 활용되어야 한다.

3. 인사평가와 보상체계의 연계강화(强化人事评价和补偿体系的关系)

근로자의 근로의욕을 향상시키고 열심히 노력하고 땀흘린 직원에게 적절한 보상이 돌아갈 수 있도록 인센티브체계를 정립하여 인사평가와의 연계 속에서 임금이 개인별 능력 업적에 따라 주어질 수 있도록 평가제도가 운영되어야 할 것이다. 최근 임금체계를 직능급으로 개편한 기업들의 경우 별 무리 없이 평가승급제와 평가상여금제를 도입하고 있음을 직시해 봐야 할 것이다.

4. 쌍방향 인사평가(双向人事评价)

인사평가는 위에서 아래로 해야 된다는 권위주의적인 고정관념 때문인지 현재 대부분의 기업에서는 상사에 의한 부하의 일방적인 평가가 행해지고 있다. 더욱이 그 결과를 본인에게는 알리지도 않으며 평가가 잘못되었다 하더라도 그것을 해결할 수 있는 기회가 주어져 있지 않다. 이러한 것들이 인사평가에 대한 불신감을 증폭시키는 하나의 요인이 되고 있다. 따라서 인사평가를 통해 종업원들의 능력개발을 적극적으로 지원하고 자발적인 성과향상 노력을 유도할 수 있도록 평가자와 피평가자가 같이 참여할 수 있는 평가제도가 지향되어야 한다.

5. 공개주의(公开主义)

최근 인사평가의 목적이 상벌위주에서 개발위주로 바뀜에 따라 공개주의를 주장하는 경향이 강하게 나타나고 있다. 공개로 할 것인가 비공개로 할 것인가에 대해서는 논란의 소지가 많으나 단순히 선별사정의 논리가 아닌 육성의 논리에 입각한 인사평가를 지향한다면 공개되어야 마땅하다. 평가결과 내용을 피드백도 하지 않고 또 반성의 기회를 주지 않는 상황에서는 능력개발이 이루어질 수 없다.

6. 운영측면(运营层面评价)

인사평가에는 하드웨어 측면과 소프트웨어 측면의 두 가지가 있다. 전자는 인사평가의 규정, 요령, 평가기준, 평가표 양식 등 누가 보더라도 알 수 있도록 설계된 제도적 측면을 말하고, 후자는 평가자의 평가기술, 평가시각, 평가자 상호간의 기준통일 등 눈에 보이지 않는 운영적 측면을 말한다.

우리나라 기업의 경우 이제까지 인사부 스텝에 의한 평가제도, 즉 하드웨어에 대한 체계화의 노력과 배려는 많이 해 온 듯하다. 그러나 아무리 제도가 완벽한 것이라 할지라도 평가자가 올바른 인사평가관을 갖지 못하고 평가를 하게 되면 인사관리의 유용한 기초자료로서 활용할 수가 없을 것이다.

인사평가를 운영하는 관리자의 육성 훈련이 부족했던 것이 우리나라 기업의 취약점이라 할 수 있다. 인사평가의 활용목적이 다양해지고 능력개발을 지향하는 인사평가, 구체적인 기준에 의한 절대평가 등이 보급되게 되면 소프트웨어 측면의 평가자 훈련이 절대적으로 중요할 것으로 보여진다. 이는 인사평가의 중요성에 대해 실무자들이 제도적 측면보다는 운영적 측면이 중요하다고 답변한데서도 찾아볼 수 있다.

7. 현장중심(以现场为中心的评价)

우리나라의 경우 인사권한이 중앙에 집중되어 있어 일선 관리감독들의 역할이 상대적으로 줄어들고 있다. 이로 인해 일선 관리감독자들이 인사관리를 자기 자신의 책임 하에 실시하고자 하는 자각이 결여되어 있는 듯하다.

이와 같은 문제점을 해결하기 위하여서는 평가계열을 단순화하여 1차평가자(직속상사)에게 최종 평가권을 위양하여야 한다. 그러면 관리자들은 자신의 역할을 올바로 자각하게 하고 기업 내 교육훈련(OJT)을 통한 부하의 능력을 개발, 육성하는데 효과적이라 여겨진다. 따라서 앞으로는 평가자와 피평가자가 업무계획과 능력개발 목표의 수립단계에서부터 실질적인 면담을 통해 업무의 방향을 설정, 공유하고 그 수행과정을 관리할 수 있도록 하는 현장중심의 인사평가가 뿌리를 내려야 할 것이다. 이를 위해서는 목표관리에 의한 업적평가가 적극 검토되어야 할 것이다.

제6장

인사평가의 요약
(对人事评价的概括说明)

인사평가(performance appraisal)는 종업원이 기업의 목적달성에 얼마나 기여하고 있는지 혹은 기여할 수 있는지에 대한 기업의 평가활동이다.
기업들의 인사평가는 타당성(validity), 신뢰성(reliability), 수용성(acceptability), 실용성(practicability)을 평가의 기준으로 하고 있다.
이 기준에 의한 인사평가방법으로는 관찰법, 서열법(ranking method), 평정척도법(rating scale method), 체크리스트법(checklist method), 목표관리법(MBO : Management By Objective), 다면평가제도가 있다.
그러나 인사평가의 문제점으로 현혹효과(halo effect), 관대화 경향(leniency errors), 중심화 경향(central tendency errors), 논리적 오류(logical errors), 연공오류(seniority errors), 시간적 오류(recency errors) 등이 제기되고 있다.
근래에는 이 문제들을 보완하기 위한 방법이 개발되는 방향으로는 인재육성형 인사평가, 다목적 인사평가, 인사평가와 보상체계의 연계강화, 쌍방향 인사평가, 공개주의, 운영측면, 현장중심의 활동들이 전개되고 있다.

人事评价(performance appraisal)是从业人员达成企业的目标有多大的贡献或者可以有多大贡献进行评价的企业评价活动。
企业的人事评价以妥当性(validity)、信赖性(reliability)、接受性(acceptability)和实用性(practicability) 为评价标准。
依据于本标准的人事评价方法有观察法、排名法(ranking method)、评定尺度法(rating scale method)、清单法(checklist method)、目标管理法(MBO, Management By Objective)、和全方位评价制度。
但人事评价中也存在光环效应(haloeffect)、宽大倾向(leniency errors)、中心化倾向(central tendency errors)、逻辑错误(logical errors)、论资排辈错误(seniority errors)和时间性错误(recency errors) 等问题。
近来，为改善这些问题开展了培育人才型人事评价、多功能人事评价、强化人事评价和补偿体系的联系、双向人事评价、公开主义、运营层面和以现场为中心的活动等。

Chapter 07

임금관리(工资管理)

Chapter 07 임금관리(工资管理)

제1절 보상의 이해(报酬的理解)

넓은 의미의 보상(reward)은 본질적으로 종업원이 항공사의 목적달성에 기여한 공헌(contribution)의 대가로 종업원에게 제공되는 경제적 및 비경제적 가치를 의미한다. 경우에 따라서는 보상이 종업원의 공헌을 자극할 목적으로 제공되기도 한다.

[그림 7-1] 보상의 구분

<table>
<tr><td rowspan="3">보상</td><td rowspan="2">경제적 · 외재적 보상</td><td>직접보상</td><td>임금, 수당</td></tr>
<tr><td>간접보상</td><td>복리후생</td></tr>
<tr><td colspan="2">비경제적 · 내재적 보상</td><td>경력상의 보상,
사회적 · 심리적 보상</td></tr>
</table>

자료 : 이수광 • 이재섭(2003), 서비스산업의 인적자원관리, 대왕사, p. 349.

기업이 종업원에게 제공하는 보상의 종류는 매우 다양하다. 보상은 앞서 언급한 바와 같이 경제적 보상(economic reward)과 비경제적 보상(non-economic reward)으로 구분된다. 먼저 외재적 보상(extrinsic reward)이라고도 불리는 경제적 보상은 다시 임금, 수당 등 직접보상과 각종 복리후생의 간접보상으로 구성된다. 한편 내재적 보상(intrinsic reward)이라고도 불리는 비경제적 보상은 경력상의 보상과 사회·심리적 보상으로 이루어진다.

보상제도의 근본목적은 기업의 전략적 목표, 즉 비전을 달성하기 위한 중요 수단으로서의 역할에 있다. 기업이 추구하는 목표 달성을 위해 요구되는 구성원들의 바람직한 행동을 촉진하고, 이를 통해 궁극적으로는 개인과 조직의 성과향상을 도모하는 것이라 하겠다. 이러한 보상의 중요성에 대해서는 많은 기업들이 공감하고 있으며, 성과향상에 기여할 수 있는 다양한 보상제도를 설계/운영하기 위해 노력하고 있다.

[그림 7-2] 대한항공 보상체계

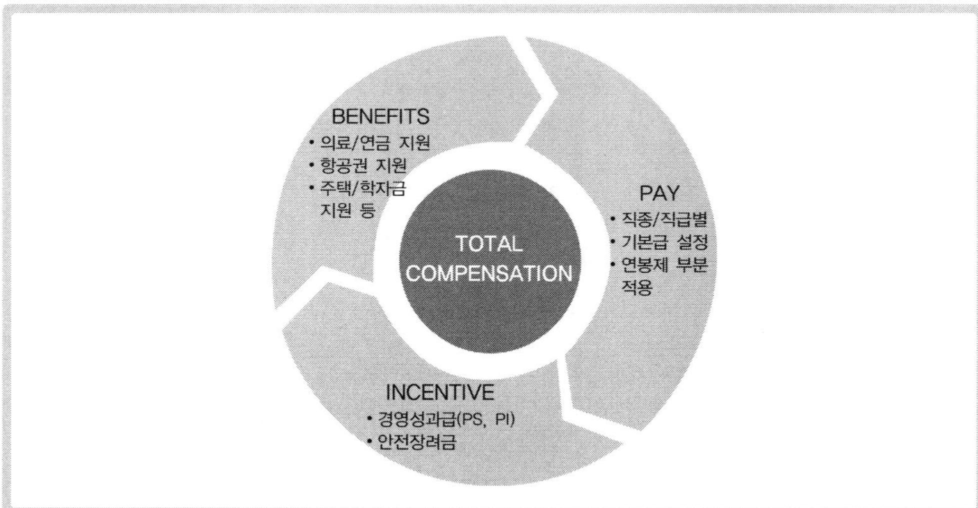

자료 : http://recruit.koreanair.co.kr

그동안 국내 기업들은 성과주의 문화의 정착을 위해 꾸준히 노력해왔다. 그 결과 많은 기업에서 연봉제가 급여체계의 기준으로 자리잡았고, 이익분배제(profit sharing)나 인센티브제 등 성과에 따른 금전적 보상제도를 도입하는 기업들도 크게 늘어났다. 성과에 따른 금전적 보상을 종업원 동기부여 및 기업성과 향상에 가장 효과적인 방법이라고 판단했기 때문이다.

하지만 최근에는 금전적 보상의 효과에 대한 비판적 의견도 많이 제기되고 있다. 성과에 따른 금전적 보상이 종업원들에게 진정한 동기부여를 제공하는지 경영에 대한 신뢰나 기업성과의 상승으로 연결되는지에 대한 의문이 늘고 있는 것이다. 기업마다 추구하는 전략, 처해있는 경영환경, 가용자원 규모 및 내부여건, 조직문화 등 고려해야 할 많은 특수한 요인들이 존재하기 때문이다.

이처럼 모든 기업에 일률적으로 적용되는 보편화된 보상제도는 없으나, 한 가지 분명한 사실은 보상은 회사의 비전달성을 위해 구성원들의 열정과 몰입을 유도하고 동기부여 할 수 있는 방향으로 설계되어야 한다는 것이다.

〈표 7-1〉 아시아나항공의 보상체계

구분	내용
연봉제	일반직군 전체와 정비, 캐빈서비스, 운항관리직 관리자에 대해 성과에 따른 연봉제를 실시하여 차등보상 및 동기부여를 하고 있다. 연봉은 개인의 업적, 역량평가 및 조직의 평가결과에 따라 결정된다.
차등승호	연봉제 미적용 대상 직종에 대하여는 차등 승호제를 실시하여 고성과자에 대한 동기부여 및 차등보상을 가능하게 하고 있다.
포상제도	성과 보상 및 유발을 위한 다양한 정기·비정기 포상 실시 • 창립기념 포상 아시아나상, 모범사원상, 우수서비스상, 공로상, 비행안전상 • 월례포상 색동사원상, 색동서비스상, 색동안전상 • 초일류 금호아시아나상 품질부문, 환경안전부문, 항공안전부문, 서비스부문
승격포인트제도	매년 인사평가 등급에 따른 차등 승격포인트 제공으로 우수인재에 대한 발탁/조기승격 기회를 부여

자료 : https://recruit.flyasiana.com

제2절 임금의 이해(工资的理解)

1. 임금의 개념(工资的概念)

임금의 사전적 의미는 '고용자와 피고용자와의 계약에 의하여 성립된 노동용역의 보수(報酬)'를 말하며, 우리나라 근로기준법상 임금은 '사용자가 근로의 대상으로 근로자에게 임금, 봉급, 기타 여하한 명칭으로든지 지급하는 일체의 금품'이라고 정의되어 있다. 또한 이와 유사한 개념으로 급여, 월급, 봉급, 급료 등의 다양한 용어들이 사용되고 있으나 내용은 동일하다고 할 수 있다.

임금은 임금액과 임금제도의 두 가지 면의 통일물이며 임금액은 내용을 임금제도는 그 형식을 말한다고 할 수 있다. 노동 · 용역 · 보수의 크기를 의미하는 임금수준은 보는 입장에 따라 의미가 달라진다. 종업원의 입장에서는 임금이 소득으로서 생활비의 유일한 원천이기 때문에 보다 많이 받기를 원하며 최소한의 생활을 보장할 수 있는 생활급임금을 요구한다. 기업의 입장에서는 임금이 비용으로서 생산에 필요한 지급항목인 노무비가 되기 때문에 보다 적게 지급하기를 바라며, 생산성이나 능률에 견주어 결정해야 한다는 능률급임금이나 생산성임금을 주장한다. 또한, 국민경제의 입장에서는 임금이 경제순환에 있어서 구매력이나 가격으로서의 중요성을 지니고 있기 때문에 임금수준이 너무 높거나 너무 낮아도 어려운 문제를 야기하게 되므로 기업과 종업원 양자의 상충된 욕구를 조정할 수 있도록 하고 명확한 정립이 요구된다.

지나친 고임금은 종업원의 생활수준을 높일지 모르나 기업의 노무비 증가에 의한 이윤폭의 감소나 지급능력이 저하되어 생산축소가 일어날 뿐만 아니라 생산원가가 높아지는 원인이 되기도 한다. 또한 소득수준 향상에 의한 수입증가로 도리어 종업원의 실업을 초래할 위험성이 있다. 반대로 지나친 저임금은 기업가에게는 유리할지 모르나 노동의욕을 상실하게 하고 노동력의 재생산을 불가능하게 하여 인적자원의 유지와 개발에 큰 차질을 가져올 것이 분명하다. 저임금은 특히 과잉생산 상태 하에서는 유효수요 부족으로 나타나 불황을 야기시킨다. 따라서 임금이 기업의 지급능력이나 노동생산성을 장기에 걸쳐 상회하거나 하회해도 문제가 일어나므로 소득으로서의 임금, 비용으로서의 임금, 구매력이나 가격으로서의 임금이 국민경제적 차원에서 균형관계를 유지하도록 하여야 한다.

[그림 7-3] 임금관리의 의미

자료 : 함봉수 • 강상묵(2009), 서비스기업 인적자원관리, 백산출판사, p. 211.

2. 임금의 성격(工资的性质)

1) 노동의 대가(劳动的代价)

종업원이나 경영자 모두 동일한 관점에서 볼 수 있는데, 종업원의 입장에서는 노동을 제공할 의무를 지게 된다는 뜻이며, 경영자의 입장에서는 제공된 노동을 사용하는 권리가 있는 대신 그 대가로 임금을 지불할 의무를 갖는다는 의미를 주기 때문에 서로 권리와 의무의 관계에 있으며 노사 간에 관계를 결제하는 수단이라고 할 수 있다.

2) 성과배분(成果分配)

종업원과 경영자는 협력을 바탕으로 생산의 증대를 통하여 조직의 성과를 높이게 된다. 이는 다시 공정한 분배과정을 거쳐 다음과정의 확대재생산을 위한 근로유인의 원천이 된다. 문제는 성과를 어떻게 정확하게 측정하여 이를 기여의 정도에 따라 합리적이고 공정한 분배원칙을 정하여 이를 실현하느냐가 중요하다.

3) 생계비와 비용(生活费和费用)

종업원의 입장에서 보면, 임금이란 노동의 대가로 받는 임금소득으로 생활을 유지하고 최소한의 생활을 유지하기 위한 실질구매력이 유지되기를 바란다. 따라서 임금이란 생계비로서의 성격을 갖으며 이런 경우 생계비에 대한 합리적인 측정이 무엇보다 중요하다. 그러나 기업이나 경영자의 입장에서 보면 제품 하나당 제조비용에 임금이 포함되기 때문에 비용관리의 대상으로 임금관리가 중요한 요소가 된다.

4) 노동력 수급가격(劳动力供需价格)

임금은 노동의 수요와 공급이 교차하는 점에서 임금수준과 고용량이 결정되는데, 노동의 공급이 수요량보다 많으면 임금이 낮아지는 경향을 보이고, 반대로 수요가 공급보다 많으면 임금이 높아지는 경향을 보인다.

5) 국민소득분배와 수요재원(国民收入分配、需要财源)

국민경제의 관점에서 만약에 임금수준이 실질적인 생산수준을 능가하게 되면 이는 과다소득이 되고 수요가 공급보다 많아져서 소위 '인플레이션 (inflation)'을 초래하게 된다. 반대로 임금수준이 실질생산수준보다 낮으면 과소소득이 되어 '디플레이션(deflation)이나 경기침체'의 원인이 될 수 있다. 따라서 장기적으로 볼 때 임금수준은 그 나라의 실질생산성과 균형이 맞아야 함을 말해주고 있다.

6) 교섭가격(交涉价格)

임금과 근로조건의 결정은 지불하는 입장과 받는 입장이 자율적으로 합의, 즉 교섭을 통하여 서로 합의되는 대로 낙착된다. 그럴 때에 양쪽에서 가장 큰 설득력을 갖는 것이 임금이다.

제3절 임금관리(工资管理)

1. 임금관리의 기능과 내용(工资管理的技能和内容)

임금은 크게 노동력 관리분야에서 우수한 노동력을 획득하게 하고 고용한 노동력의 안정적 유지와 근로의욕의 자극과 근로능력의 질적 향상을 기하게 한다. 또 경영 사회질서의 확립 및 유지관리를 위한 경영모럴의 향상과 근로자의 생활유지 향상, 가계수입의 안정, 노사관계를 원활하게 하는 등 인사관리의 모든 영역에 파급 및 연계되고 있다.

따라서 경영에 있어 임금이 합리적이어야 하는 명제는 임금액과 임금제도, 임금체계, 임금형태, 임금결정방법, 사내격차(초임금, 승급) 등의 제 문제를 포함하고 있으나 이것은 인력관리체계에서 보면 노동능력관리, 노동력 보존관리, 경영사회에서의 인간관계관리, 노사관계관리 등의 근로관리 전 부문에 직결되므로 임금관리가 인력관리의 업무 중에서 가장 중시되는 이유가 된다.

〈표 7-2〉 임금관리의 기능, 내용 및 시책

분야	인적자원관리의 기능	임금관리의 내용 · 시책
노동력관리	① 양질의 노동력 조달 (채용관리)	• 초임금 임금베이스가 사회적인 수준을 유지하거나 또는 보다 상회해야 함
	② 노동능력의 질적 향상 (교육훈련관리)	• 교육, 자기개발에 따른 능력향상을 반영할 수 있는 승급제도가 수반되어야 함(자격승진/승격)
	③ 근로자의 유지 확보 (근로조건의 관리)	• 각 계층에 있어서 최저생계비 이상의 생활을 유지하기 위한 임금액이 필요함 • 임금수준이 일정액 이상으로 과다한 잔업을 종업원 스스로 바라지 않을 정도로 일정한 임금보장이 필요함 • 생활문제로 가정에서 분쟁이 발생하거나 노동재해가 발생되지 않을 정도의 임금 수준과 적절한 대부금제도가 필요함
	④ 작업의욕의 자극	• 각종 자극적 임금제도가 필요함

분야	인적자원관리의 기능	임금관리의 내용 · 시책
경영사회질서의 확립 및 유지관리	① 경영모럴의 형성 (경영에 대한 신뢰감)	• 임금수준이 다소 낮아도 동일 규모의 사회수준이 되든가 그 이상이어야 함 • 수입이 안정(임금체계에 있어 고정 수입부분 비중이 클 것)되어야 함 • 불투명한 경영사회 질서의 평가에 있어서도 적합한 임금체계(예를 들면 연공급 등의 고려)가 있어야 함 • 승급 · 상여평가의 공정성이 확보되어야 함
	② 종업원간의 원활화	• 임금의 개인격차에 대해 종업원의 입장에서 본 적정한 균형(임금격차 구조)이 유지되어야 함
	③ 노사관계의 원활화	• 임금인상이 사회적 균형이 있어야 함 • 기업의 생산성향상이나 주주배당 등과의 균형이 있어야 함 • 이익증감과 상여는 균형이 있어야 함 • 노후생활보장을 위한 퇴직금제도 · 기업 연금제도 등이 필요함

자료 : 원종표(2007), 임금관리 및 관련규정, 신용보증기금, p. 7.

임금을 공정하게 책정하고 관리의 효율성을 높여 합리적으로 유지하기 위해서는 임금관리의 목표와 임금수준 및 결정요인, 임금격차, 임금체계, 임금형태 등의 임금 내용과 시책이 수반되어야 하는데, 이를 정리하면 〈표 7-2〉와 같다.

2. 임금수준(工资水平)

1) 임금수준의 의의(工资水平的意义)

임금수준(wage level)이란, 기업 전체의 임금의 평균수준을 의미한다. 즉 일정기간 동안 기업 내 종업원에게 지급되는 평균 임금액(지급임금총액/종업원 수)을 의미한다. 경영자 측면에서는 종업원 일인당 노무비를 의미하며, 종업원 측면에서는 임금의 크기와 관련된 것으로 생활수준의 상대적 지위를 의미하기도 한다.

기업이 종업원에게 보상하는 임금수준은 인적자원관리 전 분야에 매우 중요한 영향을 미친다. 적절한 임금수준은 첫째, 기업 외부로부터 유능한 인적자원을 유인하며, 둘째, 종업원들의 근로의욕 및 직무만족 등과 같은 인적자원 유지에 긍정적인 영향을 미치고, 셋째, 유능한 종업원을 기업에 머물게 하는 등 매우 바람직한 기능을 수행하는 반면에 적절치 못한 임금수준의 그 반대의 결과를 가져온다.

따라서 합리적인 임금수준의 결정을 위해서는 여러 측면에서의 신중한 고려가 요구된다. 항공사 입장에서 임금수준은 기업의 경쟁력, 특히 가격경쟁력을 좌우하는 중요한 비용 요인임과 동시에 종업원들에게 동기를 부여하여 기업의 목적달성에 공헌하게 하는 성과창출 요인이기도 하다.

2) 임금수준의 결정(工资水平决定)

기업에 있어서 임금수준의 결정은 여러 측면에서의 신중한 고려가 요구된다. 항공사의 입장에서 임금수준은 기업의 경쟁력, 특히 가격경쟁력을 좌우하는 중요한 비용요인이기 때문에 임금수준결정에 있어 관리자가 반드시 고려해야하는 몇 가지 요인이 있으며 이를 임금수준의 결정요인이라고 한다. 이 결정요인에 대하여 학자에 따라 다르게 지적되고 있으나, 일반적으로 그 관점을 '생계비', '기업의 지불능력', '사회일반의 임금수준' 세 가지로 나누어 볼 수 있다.

가. 기업의 지불능력(企业的支付能力)

한 기업이 종업원에게 임금으로서 지급하는 인건비는 우선적으로 그 기업의 지불능력 내에서 이루어져야 한다. 그러나 이때 기업의 지불능력이라고 하는 것은 단순히 기업의 보상으로 지불할 수 있는 최대한의 재정적 능력이 아니라 기업이 안정된 성장을 계속할 수 있는 전제조건 하에서 종업원의 표준생계비를 기준으로 하여 정해진 인건비를 지불할 수 있는 기업의 능력을 말하는 것이다.

나. 생계비 수준(生活费水平)

임금은 종업원의 생계와 노동재생산의 근간이 되며, 사회 전체적인 측면에서 보면 사회를 유지 · 발전시키는 전제조건이 된다. 따라서 임금은 종업원과 가족구성원의 기본적인 생계를 유지하고, 노동을 재생산할 수 있는 수준까지 보장해야 한다. 즉 생계비는 임금수준의 하한선 역할을 한다.

다. 사회일반의 임금수준(社会一般的工资水平)

임금은 인력의 확보 및 종업원의 사기향상과 직결되어 있는 까닭에 보상이 다른 제반요건을 충분히 감안하여 합리적으로 결정되었다고 하더라도 같은 지역, 같은 업종의 임금수준, 즉 시장임금수준과 균형을 취하지 못하고 낮은 수준을 유지하고 있다면 필요한 종업원을 획득하기는 불가능할 것이고 생산성의 향상은 더욱 기대하기 어려울 것이다. 그래서 임금은 그 수준의 결정에 있어서 반드시 사회일반의 임금수준을 고려해야 하는데, 특히 동종기업 간의 임금수준균형은 더욱 큰 의미를 갖는 것이다.

이상의 세 가지 요인을 바탕으로 임금수준을 결정할 때 상한선을 기업의 지불능력으로 하되 종업원의 생계비 수준이 하한선이 되고 타사 수준 등의 사회적 균형의 문제가 양자의 조정요인으로서 그 중간에 위치하게 하는 것이 가장 바람직한 임금수준 결정의 구조라고 할 수 있다.

3) 임금수준의 조정(工资水平的调整)

임금수준은 일반적으로 물가수준 변동, 연공이나 인사고과 결과 등에 따라서 매년 조정이 이루어진다. 조정이란 상향조정, 즉 임금인상을 말하는 것으로 조정의 방법에는 승급, 베이스 업(base-up : 기본급 인상) 등의 방법을 통해 이루어진다.

가. 승급(晋升)

직무와 직능의 질은 변하지 않되 같은 일에 대한 기능이나 능력이 향상되는 것을 이유로 실시하는 것으로 동일직급 내의 임금수준 변화이다.

나. 승격(승진)(升级)

직무나 직능의 질이 향상된 것을 이유로 행해지는 것으로, 작업 내용이나 사회적 지위의 향상을 수반하고 승진과 관련되어 실시된다.

다. Base Up(基本工资上涨)

연령, 능력 등의 관점에서 동일조건에 있는 자에 대한 임금의 증액으로서, 임금곡선 자체가 상향이동된다.

3. 임금체계(工资结构)

1) 임금체계의 의의(工资结构的意义)

임금체계(wage structure)는 임금구성과 동일한 의미이며 개별임금을 결정하는 기준 또는 개별임금 간의 격차를 결정하는 기준이다. 다시 말하면, 기본급(기준 내 임금)이 어떠한 원리로 지급되는가 하는 것으로 연공급, 직무급, 직능급, 자격급 등이 있다. 임금체계의 관리는 종업원 각자에게 임금총액을 배분하되 개인 간의 임금격차를 공정하게 설정함으로써 구성원을 만족시키고 동기유발시키는데 초점을 두고 있다.

임금은 '기준 내 임금'과 '기준 외 임금'으로 구분하는데, '기준 내 임금'이란 정상적인 작업조건 환경에서 일하는 종업원의 정상적 근로기준(시간)에 대해서 지급되는 것으로, 임금체계 구성의 기준이 되는 부분이다. 여기서 기준은 각종 수당이나 상여금, 퇴직금과 같은 금전적인 가치만을 고려하는 것이 아니라 승진, 승급제도나 복리후생 등과 같은 비금전적인 가치까지도 고려되어지는 것이다. 따라서 임금의 체계 중에서도 기준임금이 어떠한 방식으로 결정되는가 하는 문제가 임금체계의 핵심을 이루게 된다.

[그림 7-4] 임금의 체계

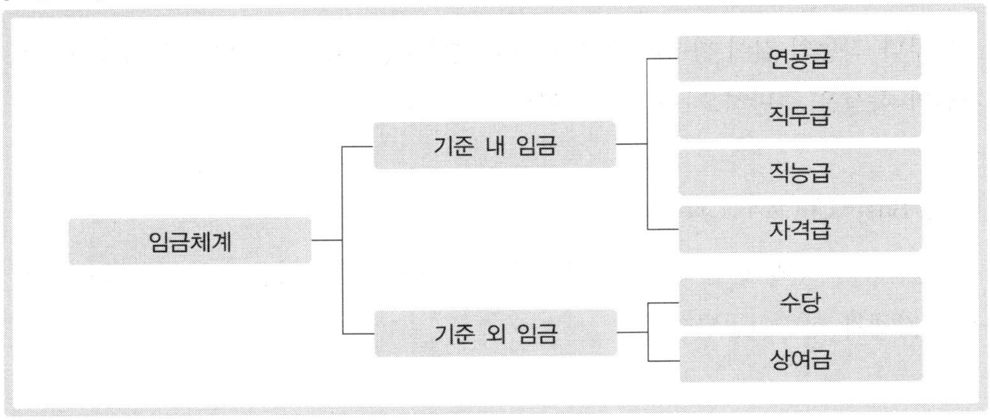

자료 : 저자 작성.

이에 대하여 '기준 외 임금'은 부가급의 형태로서 종업원의 정상적인 노동의 범위(시간적, 장소적)를 벗어난 부가적 노동에 대해 지급되며 수당과 상여금 등을 들 수 있다. 초과 근로임금(혹은 시간외 수당)이나 특별근로임금(휴일수당) 등을 그 예로 볼 수 있다. 다시 말해 시간 외 근로, 휴일근로, 일직, 숙직 등에 대해서 초과근로임금이 지급되고, 위험한 작업과 심야의 작업 등에 대해서는 특별근로임금이 지급된다. 상여금(bonus) 제도는 일정기간에 걸쳐 기업의 성과에 공헌한 보수로서 변동 지급되는 임시적인 것이라 할 수 있다.

2) 임금체계의 결정요인(工资结构的决定因素)

가. 능력기준(能力基准)

기업조직이 필요로 하고 있는 현재 또는 미래에 담당해야 할 능력을 결정하는 요소(학력, 경력)들을 감안하여 책정 지급되는 것을 말한다. 능력기준을 적용할 때의 능력이란 조직상의 어떤 범위의 직책을 수행할 구체적인 능력으로 이해하여야 하고, 학력을 포함하여 조직 내에서 유용하다고 평가되는 능력이 임금에 반영될 때 이를 능력급체계라고 한다.

나. 필요기준(必要基准)

필요기준은 개별임금을 결정함에 있어 종업원이 실제 필요로 하는 생활비를 반영하는 결정기준이다. 최저생활이 안되거나 근무지에 따라 생활비의 격차가 발생하는 경우 보상차원에서 가족수당이나 학자금 보조수당, 그리고 인플레이션시의 물가수당 등을 지급하는 것을 예로 들 수 있다.

다. 성과기준(成果基准)

업적기준의 임금체계, 성과급체계는 개개인의 성과를 측정하여 성과에 비례하는 임금을 지급하는 것을 말한다. 업적기준의 문제점은 승급, 승진에 있어 직무의 변동이나 능력수준의 변동과 관계없이 지난 기간 동안의 업적을 반영하는 경우가 많다는 것이다.

라. 직무기준(职务基准)

담당직무기준의 임금체계는 종업원의 담당하는 직무내용에 따라 결정되는 것이다. 실제로 이 기준을 적용하는 직무급체계에서는 직무별 대응능력의 소지여부를 엄격히 심사하여 적격자를 배치하는 것을 가장 중요한 원칙으로 적용해야만 한다.

마. 자격기준(资格基准)

자격기준 또는 자격급은 자격제도를 바탕으로 한 임금체계로서 직능급을 제도화한 것이다. 엄밀한 의미에서 직능급의 또 다른 유형이다. 자격급은 기업 내 종업원의 자격취득기준을 설정해 놓고 그 자격취득에 따라 임금지급에 차이를 두는 제도이다.

[그림 7-5] 임금체계의 결정요인

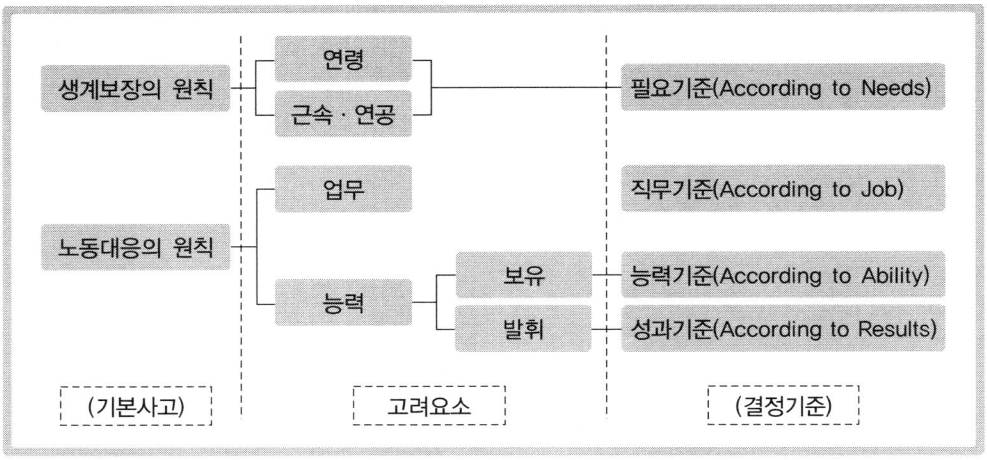

자료 : 함봉수 · 강상묵(2009), 서비스기업 인적자원관리, 백산출판사, p. 221.

3) 임금체계의 종류(工资结构的种类)

기업이 임금을 통하여 종업원들에게 적절한 보상을 제공하고 성과창출 의지를 자극하기 위해서 반드시 고려해야 할 점은 임금이 공정해야 한다는 점이다. 임금수준, 즉 경쟁 호텔과의 비교에서는 물론 기업 내 다른 종업원들과의 비교에서도 공정하여야 임금의 공정성이 확보될 수 있다. 이를 흔히 내적 공정성(internal equity)라고 하는데, 만약 이러한 공적성이 확보되지 않는다면 기업이 임금을 통하여 이루려는 목적을 달성하기 힘들다. 예를 들어, 아무리 임금 수준이 높다고 하여도 옆의 종업원과 비교했을 때 불공정한 임금수준이라고 지각한다면 기업이 의도하는 근로의욕 향상은 달성하기 어려울 수밖에 없는 것이다.

임금의 내적 공정성은 바로 종업원 개인 간 배분을 중심으로 한 임금체계(pay system)문제라고 할 수 있다. 즉 임금 총액을 기업 내 종업원들 간에 어떻게 배분하느냐 또는 어떻게 배분해야 종업원들이 공정하다고 느껴서 근로의욕이 향상될 수 있느냐 하는 문제인 것이다.

공정한 임금체계를 위한 배분의 기준은 크게 직무가치와 종업원 가치, 그리고 결과 가치로 구분할 수 있다. 이는 각각 직무급 임금체계, 연공급 임금체계, 성과급

임금체계로 나타난다. 직능급 임금체계는 직무급과 연공급의 절충적 임금체계이다.

먼저 직무급은 직무의 가치에 따라 임금을 배분하는 임금체계이다. 높은 직무가치를 지닌 직무를 수행하는 종업원들에게는 높은 임금을 제공하고, 그렇지 않는 직무를 수행하는 종업원에게는 낮은 임금을 지급하는 것이다. 이와 달리 연공급은 직무의 가치가 아니라 종업원의 가치를 임금배분의 기준으로 삼는다. 따라서 학력, 근무연수 등 종업원의 연공서열에 따라 임금이 달라진다. 성과급은 직무수행의 결과인 직무성과(job performance)를 기준으로 배분하는 임금체계로 높은 성과를 보인 종업원에게 높은 임금을 지급하는 체계이다. 마지막으로 직능급은 종업원의 직무수행 능력에 따라 임금을 지급하는 임금체계이다. 따라서 직능급은 직무의 가치와 종업원의 가치를 동시에 적용하는 절충적인 임금체계라고 할 수 있다.

[그림 7-6] 배분기준과 임금체계

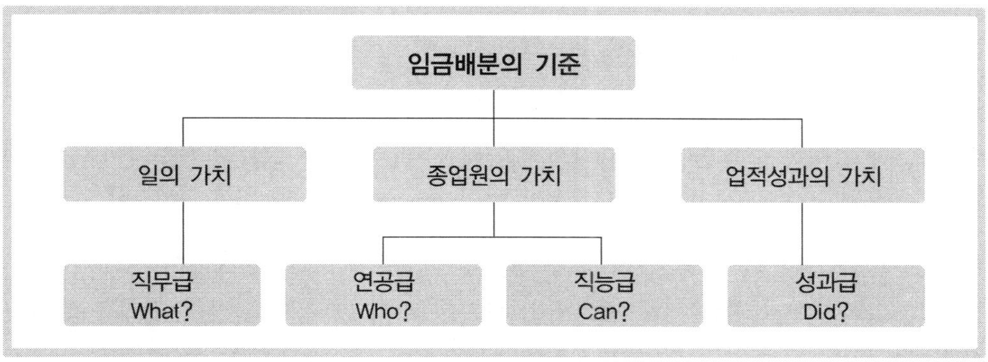

자료 : 권용만 · 신형재(2008), 인적자원관리론, p. 318, 수정 · 보완.

가. 연공급(工龄工资制)

임금이 근속연수를 중심으로 변화하는 것으로 기본적으로는 생활급적 사고원리에 따른 임금체계라고 할 수 있다. 연공급은 근무한 연수와 능력과 업적이 같다는 논리로써 근대화초기 임금의 절약과 노동인력의 이동의 방지를 위하여 채택되어 사용되었다. 연공서열은 일반적으로 해당기업에서의 근무기간은 물론, 다른 직장에서의 근무기간과 학력 · 자격 · 연력 등을 종합적으로 고려하여 결정된다.

그러나 연공급은 기계화 · 정보화와 교육수준의 향상 등으로 근속연수와 숙련 · 성과와의 관계에 변화가 나타났다. 산업화의 과정에서 어느 정도 직무와 직무수행자에 대한 노하우(know-how)와 직무평가 · 인사고과에 대한 노하우를 축적하게 되었다. 임금수준의 전반적인 상승으로 생계비 보장의 수준을 넘어서는 등 환경의 변화로 논리적 근거를 상당부분 상실하고 점점 그 비중이 작아지고 있다.

연공급은 종업원의 기업에 대한 귀속의식을 확대시키고 생활의 안정을 시키며 그 적용이 용이하다. 또한 연공 존중의 동양적 풍토에서 질서확립과 사기의 유지에 도움이 된다.

그러나 능력과 무관하게 결정되므로 유능한 인재의 확보에 어려움이 있고, 장기 근속자에 대한 인건비 부담이 가중된다. 또한 소극적이고 종속적인 근무태도를 유발하며, 동기부여 효과가 미약하게 된다.

나. 직능급(職能工资制)

직능급은 직무수행과 관련하여 종업원이 보유하고 있는 직무수행 능력을 기준으로 임금을 결정하는 방법이다. 따라서 직능급은 '일'에 대한 임금인 직무급과 '사람'에 대한 임금인 연공급을 통합한 '일을 하는 사람'에 대한 임금의 개념이라고 할 수 있다.

일반적으로 직무분석을 실시하고, 직무평가 결과에 따라 계층별로 직무수행 능력을 정의한 후에 종업원들을 평가하고 등급화 하여 그 결과를 토대로 임금의 차이를 두고 있다.

직능급은 종업원의 능률을 향상시킴으로써 기업의 생산성향상에 기여할 수 있으며, 능력에 따라 임금을 지급하는 것으로서 유능한 인재의 확보에 용이하다. 그러나 종업원의 업무수행능력만을 강조하다보면 일상실무에 소홀히 하기 쉽고 업무수행능력이 떨어지는 자는 사기가 떨어지기 쉬운 단점이 있다. 또한 실제 운용에 있어서는 종업원에게 내재하는 능력을 정확하게 판단하는 것이 대단히 어려우므로 결국 연령 · 학력 등의 개인의 형식적인 속인적 요소에 의존할 수밖에 없게 되는 결함이 있다.

따라서 현재 우리나라의 경우 학력, 연공, 근속에 의한 연공급과 직급 혹은 직책의 위상도 고려하고 직무적 요소와 속인적 요소를 종합적으로 고려하여 결정하는 혼합 결정급이 대부분이다.

다. 직무급(职务工资制)

직무급은 직무의 상대적 가치에 따라서 임금을 결정하는 임금체계이다. 따라서 직무의 상대적 가치를 평가하기 위해서는 직무의 내용과 직무수행자의 자격요건을 토대로 해당직무의 상대적 가치를 결정하는 과정인 직무평가가 반드시 전제되어야 한다.

직무급은 직무가 무엇인가에 의하여 임금을 결정한다는 점에서 속인적 임금인 연공임금과 대치되며 직무수행 능력의 격차에 따라서 임금의 격차를 결정하는 이른바 직능급과도 다르다. 따라서 직무급은 직무수행에 필요한 능력과 근로자가 현재 갖고 있는 능력이 일치하는 적정배치가 전제되어야 한다. 능력이 있어 일을 잘 수행하면 가치 있는 일을 맡게 되어 임금이 상승하고 능력이 없으면 가치가 낮은 일을 수행하게 되어 임금이 낮아진다. 그러므로 직무급 임금체계는 능력주의적 보상체계의 전형적인 형태라고 할 수 있다.

직무급은 임금을 노동의 대가라는 임금의 원칙에서 볼 때 가장 타당한 형태라고 할 수 있으며, 임금을 노동의 질과 양에 따른 명확한 기준 위에서 결정함으로써 임금결정의 자의성을 배제할 수 있다. 또한 근로자가 느끼는 노동의 상대적 박탈감을 감소시켜 주고, 임금의 공정성을 높여준다.

직무급은 직무에 상응하는 급여지급을 함으로써 개인별 임금 차의 불만을 해소할 수 있으며, 인건비관리의 효율성을 기대할 수 있을 뿐만 아니라 능력주의 인사풍토를 조성하는 데 용이하다.

반면에, 직무급은 직무평가 및 직무분석 등이 선행되어야 하는 등의 그 절차가 복잡하고 직무단위 및 표준화가 명확하지 않은 경우에는 적용될 수 없다. 우리나라와 같이 연공이 중시되는 기업풍토에서는 완전한 직무급을 실시하기가 어려운 난점이 있다.

따라서 성공적인 직무급의 실시를 위해서는 다음과 같은 전제조건이 뒷받침되어야 한다. 첫째, 직무분석과 직무평가의 선행으로 직무급이 성공적으로 이루어지기 위해서는 직무의 표준화와 직무가치의 객관적인 평가가 전제되어야 한다. 이를 위하여 합리적인 직무분석과 직무평가가 선행되어야 한다.

둘째, 연공서열급에 대한 탈피로서 직무급은 동일직무에 대한 동일임금의 지급이라는 사고방식에 입각한 것으로서, 기존의 연공서열주의를 탈피하는 것이 무엇보다 중요하다.

셋째, 적정한 임금수준으로 직무가 가장 낮은 가치로 평가되더라도 종업원의 생계비 이상을 유지함으로써 노동재생산이 가능하여야 한다.

넷째, 노동관행의 정착으로 직무평가 및 직무급에 대하여 노사당사자가 납득하는 합리적인 노사관행이 이룩되어야 하며, 노사가 신뢰하는 조직분위기가 요구된다. 직무급과 직능급을 비교해보면 〈표 7-3〉과 같다.

〈표 7-3〉 직무급과 직능급의 비교

구분	직무급	직능급
성격	직무를 중심으로 한 임금	직무수행능력을 중심으로 한 임금
필요도구	직무분석, 직무평가, 직위분류 제도	직능분류, 직능자격제도
임금산정기준	직무의 상대적 가치	직무수행능력
전제조건	직무의 표준화와 전문화 적정배치가 충분히 이루어짐	직능이 신장될 수 있는 직종 적정배치 충분하지 않아도 됨

자료 : 저자 작성.

라. 자격급(资格工资制)

자격급은 기업 내의 종업원의 자격취득기준을 정해 놓고 그 자격취득에 따라 임금지급의 차이를 두는 제도이다. 자격급은 직능급과 같이 직무급과 연공급의 양면을 절충시킨 것으로 이는 직능급처럼 종업원의 직무수행능력의 종류와 정도에 따라 등급이 구분된 임금이다. 즉 자격급은 직능급을 좀 더 확대시켜 제도화시킨 형태로 기업 내에 자격취득 제도를 도입하고, 그 자격취득자에게 그에 해당하는 임금을 명시함으로써 종업원에게 심리적 안정을 얻게 하여 장래의 임금액을 예정하고 기대하게 함으로써 종업원의 근로의욕과 성취의욕을 자극하여 성과로의 연결을 유도한다.

따라서 자격급의 실시를 위해서는 일차적으로 자격기준을 설정하는 것이 중요하다. 자격기준을 설정하기 위해서는 직능의 전문화가 선행되어야 하며, 그에 따른 사내 자격별 임금기준을 어떻게 설정하느냐에 따라 그 효과성이 달라질 수 있다.

4) 임금형태(工资形态)

임금형태란, 임금을 계산하여 지불하는 방식을 말하며, 이는 임금수준의 결정과 임금체계의 결정과 함께 매우 중요한 대상이 된다. 따라서 기업의 경영자는 임금형태를 채택함에 있어서 기본적으로 첫째, 종업원의 노력에 상응하는 적정한 보수를 지급해야 하고, 둘째, 기업의 업적에 따라 임금을 공정히 산정해야 하며, 셋째, 종업원의 능률향상을 통해서 임금을 증가시키고, 넷째, 종업원의 생활과 노동력의 재생산을 고려한다는 원칙을 가지고 있어야 한다.

가. 임금형태의 분류(工资形态的分类)

기업의 임금정책에 있어서 임금형태는 임금수준의 결정, 임금체계의 구성과 더불어 매우 중요한 대상이 된다. 임금형태는 특히 종업원의 작업의욕의 향상과 직접적으로 관련되는 것으로 임금의 계산 및 지불방법에 관한 것이며 임금체계와는 별개의 것이다. 다시 말하면, 임금체계가 임금의 구성내용을 의미하는데 비하여 임금형태는 임금을 종업원에게 계산 지급하는 방식을 말한다.

임금형태 중에서 가장 중심이 되는 것은 시간급제(time payment)와 성과급제(output payment)이다. 이 양자는 서로 상반되는 것처럼 보이나 시간급제에 있어서 일정시간에 대한 임금과 성과급제에 있어서 제품단위당의 임금 사이에는 밀접한 상호관계를 갖고 있는 것이며, 노동량 또는 생산량과 임금과의 결부가 직접적인가

간접적인가의 차이에 의하여 구별된다. 그 이외의 특별임금제는 이 시간급제와 성과급제의 미비점을 보충하기 위한 형태에 지나지 않는 것이다.

[그림 7-7] 임금형태의 분류

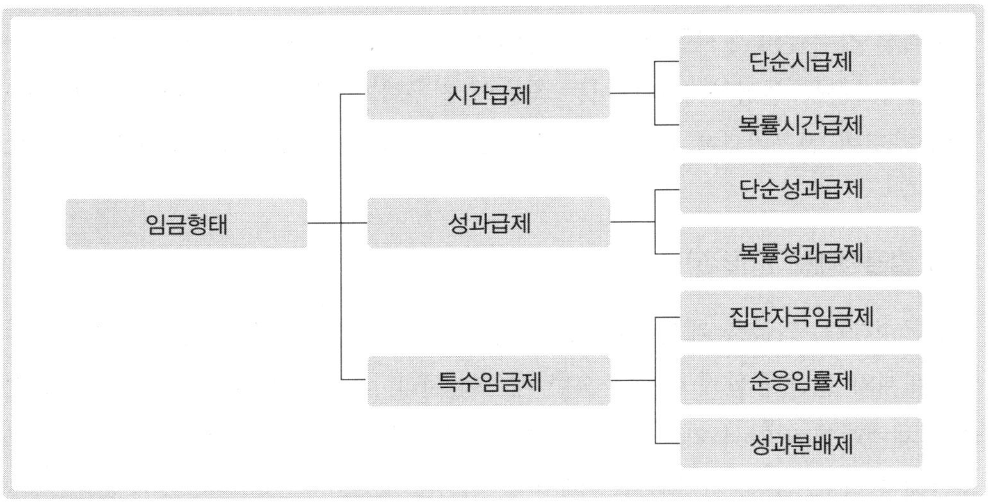

자료 : 원종표(2007), 임금관리 및 관련규정, 신용보증기금, p. 14.

(1) 시간급제(计时工资制)

시간급제란, 수행한 업무의 양과 질에는 관계없이 단순히 근로시간을 기준으로 해서 임금을 산정하여 지급하는 방법으로 성과급제와 함께 가장 대표적인 방식이다. 시간급제는 노동자의 입장에서 보면 일정액의 임금이 확정적으로 보장되어 있다는 것이 장점이다. 또 기업의 견지에서는 근로일수나 근로시간수가 산출되면 임금계산에 관한 업무는 간단히 처리될 수 있으므로 임금산정의 간편성과 공정성을 기할 수 있고, 제품의 생산에 시간적 제약을 받지 않으므로 품질의 불량을 방지할 수 있는 장점이 있다. 반면에 작업수행의 양과 질에 관계없이 임금이 지불되므로 근로자를 자극할 수 없어 작업능률이 오르지 않는다는 것과 단위시간당의 임금계산이 용이하지 않다는 등의 단점이 있다.

(2) **성과급제**(计件工资制)

일명 실적급제라고도 하며 노동성과를 측정해서 측정된 성과에 따라서 임금을 산정하여 지급하는 제도이며, 임금은 성과와 비례한다. 왜냐하면 작업수행에 소요된 작업시간은 고려하지 않고 작업성과의 수량만 계산하여 이에 일정한 임률을 적용하여 임금계산을 하기 때문이다. 이 제도에서는 임금수령액은 각자의 성과에 따라 증·감된다.

성과급제의 장점과 단점은 다음과 같다. 성과급제에 있어서는 작업성과와 임금이 정비례하므로 근로자에게 합리성과 타당성을 제공해주며, 작업능률을 크게 자극할 수 있고, 따라서 생산성제고, 원가절감, 근로자의 소득증대에 효과가 있다. 또한 직접 노무비가 일정하므로 시간급제보다 원가계산이 용이하다는 등의 장점이 있다. 반면 작업량에만 치중하므로 품질에 문제가 발생할 가능성이 있고, 기계설비의 소모가 심하다는 등의 단점이 있다.

[그림 7-8] 성과급의 개념

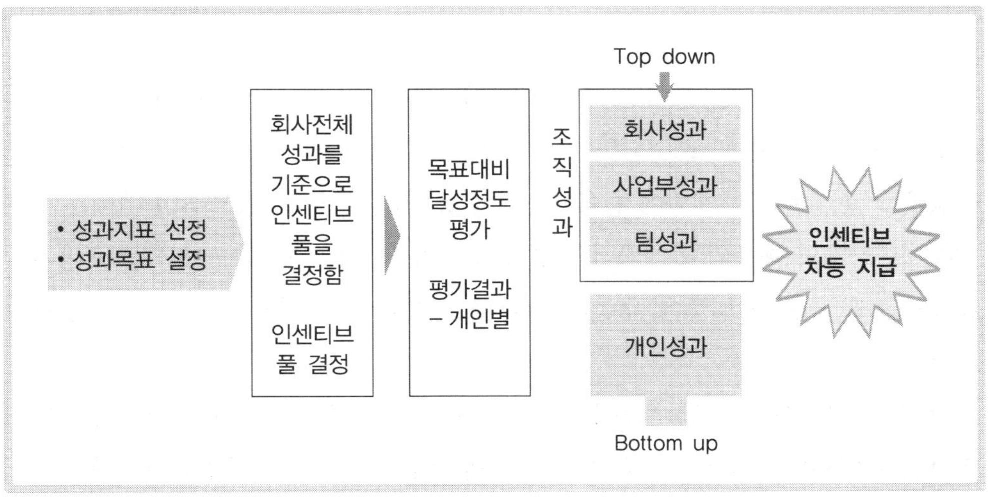

자료 : 김인범·신현관(2009), 리더가 꼭 알아야 할 실전 인사관리, 중앙경제평론사, p. 144.

그러므로 실제로 성과급제의 임금형태를 채택하는 경우에는 그 생산과정이나 대상 작업이 이에 합당한 전제조건을 갖추고 있어야 한다.

첫째, 생산단위의 측정이 가능할 경우

둘째, 작업자의 노력과 생산량과의 관계가 명확할 경우

셋째, 직무가 표준화되어 있고 작업의 흐름이 정규적일 경우

넷째, 생산의 질이 생산량보다 덜 중요하거나 그 질이 일정할 경우

다섯째, 각 작업자에 대한 감독을 철저히 할 수 있는 경우

여섯째, 경쟁적이어서 사전에 단위생산비 중 노무비가 결정되어 있을 경우 등이 전제되어야 할 것이다.

(3) 특수임금제(特别工资制)

첫째, 집단자극제는 근로자 개인을 중심으로 임금을 책정·지급하는 것이 아니라 일정한 근로자 집단별로 임금을 산정 지급하는 제도이다. 집단자극제를 실시하면 작업배치에 있어 작업의 난이도에 따른 불만이 감소되고, 집단 내의 팀워크와 협동심이 육성되며 집단 내 신입구성원에의 훈련에 적극적이며, 작업요령을 개방하게 되는 장점이 있으나 임금이 개개인의 노력 또는 성과와는 직접적인 관련이 없다는 문제가 있다.

둘째, 순응 임률제는 주어진 여러 가지 조건이 변할 때는 거기에 순응하여 임금률도 자동적으로 변동 · 조정되도록 하는 제도로서 일종의 변동 임률제도이다. 순응임금제의 종류로는 생계비에 순응하여 임률을 자동적으로 변동 · 조절하자는 생계비순응임금제와 제품의 판매가격의 변동에 따라 임률도 변동되도록 하는 판매가격순응임금제, 이익의 변동에 순응하여 임률을 변동 · 조절시키는 이익순응임금제가 있다.

셋째, 이익분배제(利益分配制)는 기본적 보상 이외에 각 영업기마다 결산이익이 일부를 종업원에게 부가적으로 지급하는 제도이다. 기업측과 종업원과의 협동정신을 강화하여 노사관계를 개선하고, 종업원은 이익배당액을 증가시키려고 작업에 열중하며, 종업원의 이익배당 참여권과 분배율을 근속년수와 관련시킴으로써 종업원의 장기근속을 유도할 수 있다. 그러나 이익분배제의 문제점도 있는데 수입의 안정성이 적고, 분배가 결산기말에 확정되므로 자극이 부족하다. 또한 기업이익의 고저

가 종업원보다 기업측의 능력이나 경영 외적 조건에 의해 좌우될 수 있으며, 회계처리방법에 따라 결산이익을 어느 정도 자의적으로 조정할 수 있다.

넷째, 성과배분제는 집단구성원이 상호간의 협력을 통하여 기업의 목표달성에 기여하도록 하기 위해 기업경영의 성과(원가절약, 생산성 증가, 이익 증가 등)를 근로자, 경영자 등의 이해관계집단 사이에 배분하는 제도이다. 성과배분제에는 스캔론플랜과 럭커플랜이 있는데, 스캔론플랜이란 종업원의 참여의식을 높이기 위하여 위원회제도의 활용을 통한 종업원의 경영참여와 개선된 생산의 판매가치를 기초로 한 성과배분제이고, 럭커플랜은 부가가치의 증대를 목표로 하여, 이를 노사협력체제에 의하여 달성한다. 그리고 증가된 생산성 향상분을 그 기업의 안정적인 부가가치 분배율로 노사 간에 배분한다.

[그림 7-9] 향후 임금체계의 변화

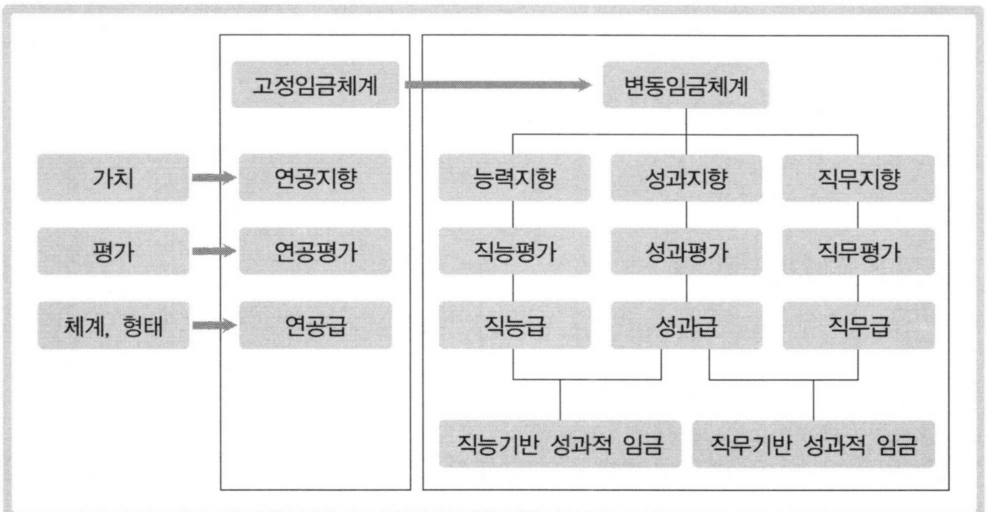

자료 : 함봉수·강상묵(2009), 서비스기업 인적자원관리, 백산출판사, p. 235.

4. 항공사 객실승무원의 임금과 정규직 전환 (航空公司客舱乘务员的工资和转正)

국내 항공사승무원의 임금도 급여와 수당, 그리고 보너스(bonus)로 구성되어 있다. 급여에는 기본급에 비행수당이 포함되며, 수당에는 체재비, 인천공항 교통비, 기판수당(면세품 등 기내 판매수당)이 있다.

보너스는 정규직에 한해 연간 600%를 지급받는다. 비정규직(인턴)에게는 지급되지 않는다. 신입공채 승무원은 2년간 인턴근무 후에 정규직 심사를 보게 된다. 심사결과에 따라 계약여부가 결정된다.

타 항공사로부터 경력직으로 입사하는 경우에 2년 이상 경력자의 인턴기간은 6개월이고, 1년 이상 경력자는 1년 인턴기간이 경과 된 후에 정규직 심사를 받아 정규직이 된다.

인턴에서 정규직이 되려면 첫째, 토익스피치 시험에서 5급인 110점 이상이 되어야 하고, 둘째, 토익점수가 550점 이상이 되어야 하며, 셋째, 사내방송 강사가 평가하는 회사기준의 방송자격을 평가받아야 한다.

제4절 연봉제(年薪制)

1. 연봉제의 개념(年薪制的概念)

연봉제란, 학자에 따라 다양한 정의를 내리고 있으나 말 그대로 임금총액에 영향을 주는 능력이나 업적평가를 시행하여, 그것을 기초로 연간임금 베이스로 계약에 반영하여 임금을 지급하는 능력 중시형 임금제도를 말한다. 따라서 이러한 연봉제는 기본연봉과 업적연봉의 배분비율, 기본연봉의 결정기준에 따라 다시 다양한 유형으로 구분이 가능하여 연봉제를 도입하고 있는 기업 간에도 반영의 방법과 내용면에서 상당한 차이가 있을 수 있으나, 일반적으로 연공급제와는 정기승급의 유무,

금액결정 기준에서 근본적으로 다르다고 할 수 있다.

2. 연봉제의 본질(年薪制的本质)

1) 임금의 개별화(工资的个别化)

연봉제의 기본적 특질은 개인별로 임금이 차별화되어 있는 것에 있다. 즉 개인마다 회사와 일대일로 임금협상을 하고 계약에 의해 해마다 임금의 액수가 달라진다. 이런 임금계약은 평가시스템에 의하여 개인별 평가를 전제로 한다. 또한 개인별 평가는 능력이나 업적에 기초를 두고 있다. 이때 임금개별화를 추진하는데 애로사항은 일일이 개별적인 평가를 하여야 하며 개별적인 설득과 협상을 하여야 하는 데 있다. 임금개별화의 방법은 승진 · 승급의 차등화, 기본급의 차등화, 상여금의 차등화 등을 통하여 추구하게 된다.

2) 연간단위의 임금총액(年度单位的工资总额)

연봉제가 궁극적으로 추구하는 것은 개별 종업원의 연간 임금총액을 성과와 연동시키는 일이다. 여기에서 핵심은 총액개념으로 정하고 별도의 지급방법을 정하여 분할 지급함으로써 연간 총계약 급여(연봉)를 지급한다. 따라서 속인적 요소에 의하여 결정되는 연공급제와는 달리 어떠한 명목으로 받느냐는 것은 그리 중요하지 않다. 다만 최종적으로 회사에 대한 기여와 공헌도가 어느 정도인가에 따라 노동력의 수요와 공급에 따른 시장원리로써 임금총액을 결정지으려는 것이 연봉제의 본질인 것이다. 그러나 복지후생비처럼 연봉의 총액에 가산되지 않는 경우도 있으나 일부 회사에서는 여러 가지 복지후생 프로그램을 미리 정하여 놓고 종업원이 필요에 따라 선택하는 카페테리아식 복지후생제도를 통하여 복지후생비 역시 임금총액에 포함시키는 경우도 있을 수 있다.

3) 계획성(计划性)

임금의 개별화나 연간단위 임금총액의 계약만으로도 연봉제의 골격이 갖추어진 경우라 할 수 있으나, 연봉제 실시의 근본적인 목적은 인사관리의 합리화를 통하여 인건비계획을 세우고 이 계수의 관리를 실현함으로써 경영의 합리화를 이루는데 있다고 할 수 있다. 따라서 계획성과 관련된 기본적인 관리체계에서 다루어야 할 것은 직능자격제도와 연봉제, 그리고 평가시스템에 의한 목표관리제도이다.

3. 연봉제의 특징(年薪制的特征)

연봉제는 다음과 같은 몇 가지 특징을 가지고 있다. 첫째, 연봉제는 성과급의 일종이다. 임금의 결정에 있어 직무급은 종업원이 수행하는 직무의 특성에 따라, 연공급은 종업원의 연령, 성별, 근속연수 등 개인적인 속성에 의해 이루어지는 반면, 성과급은 종업원이 수행한 업무성과의 결과에 의해 임금이 결정되는 것이 원칙인데, 연봉제는 이 성과급의 일종이다. 그러나 우리나라의 경우 성과 외에도 능력이나 공헌도 등도 포함되는 경우가 있다.

둘째, 연봉제는 개별 성과급이다. 연봉제는 단체협약에 의한 승급이 아니라 개인 대 회사 간의 개별계약에 의해 이루어지며, 집단으로 발생한 성과에 의해 결정되는 집단성과 배분제도와는 달리 개인별 성과에 기초함이 원칙이다.

셋째, 연봉제는 1년간 받을 총액을 일정기간 관찰된 성과를 기초로 정한다. 이는 임금지급방식에서 시급, 일급, 월급과 다르며, 그때그때의 생산량이나 판매액에 따라 급여가 결정되는 인센티브제도와도 구별된다.

넷째, 연봉제는 미래의 성과가 높아질 것을 기대하는 동기부여형 임금체계다. 직무급이나 연공급과 같이 일정한 기준에 따라 고정적으로 임금수준이 결정되는 것이 아니라, 노력하면 노력한 만큼 대가가 더 따른다는 기대감을 주도록 동기부여를 기초로 하는 임금체계이다.

다섯째, 개인이 받는 연봉총액의 결정은 평가에 의해 이루어진다. 특히 인사고과와 같은 평가시스템에 기초하게 된다. 따라서 평가의 공정성과 정확성이 매우 중요한 이슈이다. 연봉관리에서 평가제도는 곧 성공적 운영의 전부라 해도 과언이 아니기 때문에 평가관리의 체계화와 정립이 절대 필요하다.

4. 연봉제의 장 · 단점(年薪制的优点、缺点)

연봉제 도입의 장점으로는 첫째, 근무의욕 고취와 도전정신의 함양이 도모된다. 연봉에는 능력과 실적이 직결되어 있다. 능력주의와 실적주의를 통해 제도적인 보상관리로 동기를 부여함으로써 의욕적으로 근무할 수 있게 한다. 또한 연봉제는 자신의 능력과 업적이 곧 임금으로 표현된다는 생각 때문에 도전적인 근무자세를 유지하여 조직 활성화와 사기앙양을 유도할 수 있다.

둘째, 과감한 인재등용이 용이하다. 특히 국제적인 비즈니스가 필요한 전문직과 하이테크 기술자 등을 확보하기 위해서는 통용력이 적은 연공급으로 적용하여야 한다. 업무의 예외발생이나 조직 내 위화감을 조성하기보다는, 국제적으로 통용되는 연봉제를 적용하여 총액개념의 임금수준으로 명확히 정하여 이해가 쉽도록 하고 인재를 확보하는 것이 용이할 수 있다.

셋째, 경영감각의 배양과 생산성향상을 들 수 있다. 임원뿐 아니라 중간관리자 등에 대하여 연봉제를 도입함으로써 개개인에게 경영자에 준하는 책임감을 부여하고 자신과 부서목표를 달성하기 위한 노력을 하도록 한다. 결과물인 달성한 업무성과와 연봉과의 연계를 통하여 제도적으로 목표의 수립과 달성노력 및 실천 그리고 결과평가에 따른 경영감각을 배양할 수 있고 나아가 생산성의 향상을 도모할 수 있다.

넷째, 임금관리가 용이해진다. 현행 대부분의 연공급 임금체계는 기본급, 제수당 및 상여금으로 구성되어 있어 임금체계가 대단히 복잡하다. 상여금은 고정급으로 지급하여 임금의 동기유발이 상실된 상태이다. 또한 임금인상방법 역시 임금교섭에 의한 베이스 업(base-up)과 승호인상으로 이원화되어 있어 임금관리가 복잡하다. 그러나 연봉제를 도입하는 경우 복잡한 임금체계와 임금지급구조를 단순화시켜 임금관리가 용이해지므로 임금관리의 효율성이 증대된다.

다섯째, 상사와 부하 간의 의사소통이 원활해진다. 연봉제 대상자는 매년 스스로 자신의 업무목표를 세우고 이를 상사와의 면담을 통해 확정한 후 정기적으로 그 달성정도를 평가받게 된다. 따라서 연봉제 대상자는 목표수립과 업무수행과정 및 평가시점에 상사와의 면담을 통하여 자신의 의견을 충분히 밝히고 상사로부터 조언을 구할 수 있어 상하 간의 의사소통이 원활해질 수 있다.

이와는 반대로 연봉제는 다음과 같은 단점을 가진다. 첫째, 우리나라 고유의 사회문화적 전통인 장유유서 의식과 선임자 우대원칙과의 갈등이 있을 수 있다

둘째, 평가결과의 공정성, 객관성 문제가 발생될 수 있기 때문에 조직원이 동의하는 평가시스템이 정착되어야만 한다.

셋째, 업무에 있어 단기간의 업적주의로 흐르거나 실패를 두려워하며 연봉액이 감액되는 경우는 사원의 사기가 저하될 수 있다.

넷째, 종업원 상호간의 불필요한 경쟁심을 유발하여 위화감을 조성하거나 부하육성을 경시하는 역효과도 예상할 수 있다.

다섯째, 업무의 업적을 외형으로만 평가하려는 왜곡현상이 발생되어 업적평가가 상대적으로 어렵거나 완료기간이 장기적으로 요구되는 연구직 등 화이트칼라의 의욕저하가 있을 수 있다.

여섯째, 연봉제는 노동법이 규정하는 근로시간의 경과에 따른 임금산정과는 다르게 업적이나 성과에 따라 임금이 결정되므로, 기존 노동법과 마찰을 빚어 다양한 법적 다툼을 야기할 수 있다.

일곱째, 연봉제를 통하여 지나치게 성과에만 집착한다면 노동 강도를 강화시켜 근로자의 건강이나 창의력을 저해할 우려가 있으며, 업무태도에 더욱 소극적이 될 우려가 있다.

5. 연봉제의 성공조건(年薪制的成功条件)

연봉제를 성공시키기 위해서는 여러 가지 조건이 필요하다. 우선 연봉제를 도입하기 전에 그것을 도입하는 목적이 뚜렷해야 한다. 왜냐하면, 뚜렷한 목적 없이 연봉제를 도입할 경우에는 성공할 확률이 낮아지기 때문이다. 연봉제의 도입 목적은 경영환경의 변화, 회사의 경영방침, 임금관리 등의 면에서 충분한 검토가 이루어져야 한다. 때로는 종업원에 대한 인건비를 감소시킬 목적으로 연봉제를 도입하는 경우가 있는데, 그것은 위험한 발상일 것이다. 왜냐하면, 연봉제로 인한 임금의 막연한 감소는 종업원에 대한 동기부여를 저해하고 회사에 대한 충성심을 약화시키는 요인이 될 것이기 때문이다. 또한 연봉제는 모든 종업원들에게 일률적으로 적용할 수 있는 것은 아니다. 만약 개인별 업무성적 및 근무실적의 구분이 뚜렷하지 않다면 연봉제의 도입이 어려울 것이다. 따라서 연봉제의 도입이 용이한 직무분야는 종업원 개인별로 업무상의 역할 및 책임이 분명할 경우에 해당된다.

첫째, 직무분야로는 관리직, 전문직 및 기술직, 영업직 등에 적합하고 일반사무직 혹은 생산직 종업원에게는 적용하기가 곤란한 점이 있다. 그리고 연봉제 도입의 성공요인으로는 합리적이고 투명한 평가가 전제되어야 한다. 연봉제의 대부분은 얼마나 정확하게 평가하느냐에 달려 있다. 연봉제는 종업원의 성과를 임금인상에 반영하여 그에 대한 동기를 부여하고 기업 및 조직의 성과를 높이기 위한 제도이므로 종업원에 대한 평가가 공정하고 객관적인 차원에서 누가 보더라도 합당하다는 생각이 들도록 해야 한다. 특히 인사고과에 대한 평가문항 및 평가방법 등이 투명하지 못하다면 연봉제에 대한 성공은 불가능할 것이다. 그리고 평가를 수행하는 평가자는 늘 공정하게 한다는 생각을 갖고 인사고과의 오류를 줄이기 위해 노력해야 할 것이다. 그리고 연봉제를 성공시키기 위해서는 다른 회사의 사례 등을 모방하기 보다는 자신의 회사에서 다루는 업종 및 기업문화 등을 면밀히 살피어 연봉에 운영시스템을 충실히 해야 할 것이다.

둘째, 연봉제를 실행함에 있어서 우리나라의 문화적 풍토를 충분히 감안해야 한다. 왜냐하면 동양적인 경영문화와 집단적 시스템을 고려하지 않는다면 연봉제의 성공은 역시 어려울 것이기 때문이다. 연봉제를 상대적으로 실행하기가 용이한 서구의 경영문화는 본래부터 개인의 창의성을 중요시하고 종업원 간의 경쟁원리를 바탕으로 하였다.

마지막으로, 연봉제의 도입을 너무 성급히 도입하기보다는 마치 상품의 라이프사이클(product life cycle)처럼 도입기, 성장기, 성숙기, 정착기 등을 차례로 거치면서 종업원들의 사고와 균형을 맞추어 나가는 것도 필요할 것이다. 고객을 만족시켜야 기업의 번영이 가능하듯이 종업원을 만족시켜야 조직발전 및 기업발전이 가능할 것이다. 현재 많은 기업들이 연봉제를 도입하거나 그렇게 하려는 의사가 높고 노사 간 임금 및 단체협상 시 연봉제에 대한 논의가 이루어지고 있는 것은 그만큼 연봉제에 대한 인식이 형성된 것으로 보인다.

제7장

임금관리의 요약
(对工资管理的概括说明)

임금의 사전적 의미는 '고용자와 피고용자와의 계약에 의하여 성립된 노동 용역의 보수(報酬)'를 말한다. 항공사에서는 종업원이 목적달성에 기여한 공헌(contribution)의 대가로 제공되는 경제적 및 비경제적 가치를 의미한다.
임금의 성격은 노동의 대가, 성과배분, 생계비와 비용, 노동력 수급가격, 국민소득분배와 수요재원, 교섭가격 등의 의미도 갖고 있다. 임금수준의 조정은 승급, 승격(승진), Base Up(기본급 인상) 등의 방법을 통해 이루어지고 있다.
임금체계(wage structure)는 임금구성과 동일한 의미이며, 개별임금을 결정하는 기준 또는 개별임금 간의 격차를 결정하는 기준이 된다. 이 임금체계의 결정은 능력기준, 필요기준, 성과기준, 직무기준, 자격기준에 따라 차이를 두고 있다.

工资在词典上的解释为"雇佣者和被雇佣者根据合同成立的劳务报酬"、在航空公司是指、公司对于从业人员为实现目标所作出的贡献(contribution)提供的经济和非经济性价值。
工资还有劳动的代价、成果分配、生活费和费用、劳动力供需价格、国民收入分配、需要财源和交涉价格等含义。工资通过晋升、升级、base up(基本工资上涨)等方法调整。
工资结构(Wage structure)同工资组成的含义一样、是决定个别工资或者个别工资间差距的标准。工资体系的决定根据能力基准、必要基准、成果基准、职务基准和资格基准有所差异。

Chapter 08

복리후생(福利)

Chapter 08

복리후생(福利)

제1절 복리후생의 이해(福利的理解)

1. 복리후생의 개념(福利的概念)

복리후생은 일반적으로 임금이나 근로조건과 무관하게 종업원의 편익(benefit)을 제공하기 위하여 기업이 추가적으로 제공하는 보상으로 정의되고 있다. 앞서 언급된 임금과 수당과는 달리 복리후생은 종업원의 노동력 제공과 직접적인 관계없이 종업원의 경제적 안정과 생활의 질을 향상시키기 위해 지급되는 일종의 간접보상의 형태를 띠고 있는 것이다. 따라서 직접보상은 성과주의 원칙에 근거하는 반면에, 복리후생은 공동체 원칙에 근거한 것이라고 할 수 있다.

노동부에서는 일반적으로 '근로복지라고 하면 임금이나 근로조건 등과 같은 기본적 근로조건 이외에 부가적 내지 부차적 근로조건의 개선을 통하여 근로자의 복지증진을 목적으로 하는 모든 정책이나 활동을 의미한다'라고 하였다.

따라서 복리후생이란, 광의적으로는 실시주체가 복리후생의 객체인 근로자와 그 가족의 생활안정과 생활수준의 향상 등을 목적으로 실시되는 제 시책 및 활동으로서 볼 수 있다. 협의로는 기본적 근로조건 이외에 부가적으로 근로자와 그 가족의 생활안정과 생활수준 향상을 목적으로 실시하는 제시책 및 활동으로서 기본적 근로조건을 보완하는 것이라 할 수 있다. 그러나 광의적으로 해석하면 국가의 대부분의 정책이나 제도의 효과가 미치는 부분이 근로자뿐만이 아니라, 국민전체의 복리와 무관하지 않기 때문에 복리후생을 구체적으로 표현하는 경우 일반적으로 기업이나 노동조합이 실시하는 협의의 개념으로 사용한다.

간접보상인 복리후생을 직접보상인 임금과 비교하면 〈표 8-1〉과 같다.

〈표 8-1〉 복리후생과 임금의 비교

복리후생	임금
① 원칙적으로 노동의 질·양·능률과 무관 ② 집단적 보상 ③ 필요성에 입각한 지급 ④ 필요성과 구체적 내용에 따라 용도가 한정 ⑤ 다양한 형태로 지급(현물, 서비스 제공, 시설물의 이용 등) ⑥ 종업원의 생활수준을 안정화하는 기능	① 노동의 질·양·능률에 따라 차이 ② 개별적 보상 ③ 당위성에 입각하여 지급 ④ 지출용도는 종업원의 이사 ⑤ 현금 지급 ⑥ 종업원의 생활수준을 직접적으로 향상시키는 기능

자료 : 저자 작성.

2. 복리후생의 기능과 중요성(福利的技能和重要性)

기업에 있어서 복리후생의 실시는 경영목적을 달성하는 수단으로 출발된 것이었다. 그러나 급속한 산업화와 더불어 노동력에 대한 가치판단 기준이 변화함으로써, 인간존중의 경영이 필요하고 종업원들의 다양한 욕구의 충족을 위한 대책과 복리후생이 갖는 기능의 효용성이 인정되면서 많은 관심이 집중되기 시작하였다.

복리후생이 종업원에게 주는 이익은 첫째, 일하는 것에 있어 만족감, 안정감, 사기가 향상되며 불만이 감소되고 경영자와의 관계가 개선된다. 둘째, 고용이 안정되고 생활수준이 향상된다. 셋째, 경영에 대한 참여의 기회가 확대되어 기업경영 방침 및 목적을 일층 이해하게 된다. 넷째, 시설제도에 관한 이해가 증대되고 지역사회에서도 종업원의 인식을 높이게 된다.

반면 사용자 입장에서는 첫째, 종업원의 근로의욕의 증진으로 생산성의 향상과

원가절감 효과가 있으며, 둘째, 결근, 지각, 이직, 재해 등이 감소하고 채용 및 훈련 비용이 적어진다. 셋째, 기업 내 인간관계가 개선되어 종업원과 기업 간의 공동체의식을 형성할 수 있으며 팀워크의 정신이 왕성해 진다. 넷째, 기업의 방침이나 실정을 설명하고 올바로 이해시킬 수 있으므로 경영의 원활을 기할 수 있다.

최근 우리나라에서도 종업원들이 인간다운 생활, 즉 삶의 질 향상의 욕구가 높아지고 다양화되고 있으며, 단체교섭의 대상항목 중에서도 노동조합이 집중적으로 복리후생을 둘러싼 요구사항이 많으며 그 내용도 구체화되는 추세이다.

이에 따라 기업의 입장에서 보면 복리후생은 노사관계의 안정은 물론 그 효과가 기업의 지속적 존립과 발전에도 크게 기여할 수 있게 하므로, 중요성을 인식하고 복리후생에 관련한 투자를 증가시키거나 종업원을 직접 대상으로 하는 노무관리의 일환으로써 주요업무로 시행되어지는 경우가 많다.

3. 복리후생의 원칙(福利的原则)

복리후생관리에 있어서 다음의 세 가지 원칙이 있다.

첫째, 적정성의 원칙이다. 적정성의 원칙이란 복지시설과 제도는 가능한 조직의 모든 구성원에게 필요하고 경비부담이 적당하며, 동종 산업이나 동일지역 내의 타 기업과 비교하여 크게 차이가 나지 않아야 한다.

둘째, 합리성의 원칙이다. 합리성의 원칙이란 기업의 복지시설과 제도는 국가와 지역사회가 실시하는 사회보장제도와 지역사회복지시설과 합리적으로 조정 · 관리되어야 한다.

셋째, 협력성의 원칙이다. 협력성의 원칙이란 근로자와 사용자가 협의하여 복리후생의 내용을 충실히 하고 운영에 있어서도 복리후생위원회를 설치하는 등 노사 쌍방의 협력으로 보다 큰 효과를 낼 수 있다.

제2절 복리후생의 유형(福利的类型)

복리후생은 개별기업 또는 개별자본이 주체가 되어 그 종업원과 그의 가족의 복지증진을 위해서 행하는 각종 시책, 시설, 서비스의 종합적 체계를 의미하며, 복리후생은 일반적으로 기업이 복리후생의 실시를 의무로 하느냐에 따라 크게 '법정복리후생'과 '법정 외 복리후생'으로 나누어진다.

법정복리후생은 종업원을 고용하는 경우 법률로서 의무화시키고 있는 복지로 4대 사회보험(산재보험, 고용보험, 국민연금, 건강보험)의 기업부담 분이며, 법정 외 복리후생은 기업이 단체교섭의 규정 또는 독자적으로 실시하는 경제적 급부로써 법률로 규제하지 않는다. 따라서 복리후생을 협의적으로 사용할 때 일반적으로 법정 외 복리후생을 의미한다.

1. 법정 외 복리후생(法律规定以外的福利)

1) 주택관련 시설제도(提供住宅补贴制度)

주택관련 시설 및 제도라 함은 시설로써 사택, 기숙사, 임대주택 등을 건립하거나 종업원이 주택마련을 위한 주택조합지원, 아파트의 건립이나 주택구입 및 전월세자금지원 및 대부, 융자알선 이밖에 주택수당의 지급이나 주택용지의 분양지원 등 주거관련 시설과 급부 또는 종업원의 내 집 마련을 지원하는 것을 말한다.

주택은 개인생활의 요소로서 근본적으로 종업원 개인이 해결해야 할 문제이지만, 현재 우리나라의 주택사정으로는 기업 또는 개인의 노력만으로는 이를 쉽게 해결하기에는 법상, 제도상 제약사항도 많을 뿐 아니라 경제적 부담도 무거워 다수인에게 골고루 혜택을 주기에는 한계가 있다.

그러나 기업차원에서 기숙사나 임대주택을 확충하고 장기적으로 이용할 수 있도록 노력하고, 국가나 지방자치단체도 주택에 관한 기본방침의 책임자로서 근로자복지아파트의 건립확대와 주택구입자금의 융자, 세제혜택 등을 통하여 무주택근로자의 내집 마련의 지원을 사회정책의 일환으로 보강하여 주어야 할 것이다.

2) 경제시설 및 제도(经济设施及制度)

경제시설 및 제도에는 급식, 통근, 구매, 공제 · 금융, 육아, 피복지원 등이 포함되며, 이들은 종업원에 대한 근무와 생활편의를 도모하기 위한 시설이나 부가적 급부로써의 성질을 갖는 것으로 복리후생에서 일반적으로 보편화되어 있는 경우가 많다.

가. 급식시설 및 제도(供饭设施及制度)

급식시설이라 함은 근무 중인 종업원의 급식을 위한 시설로서 식사만이 아니라 종업원의 영양 및 위생과 밀접한 관계가 있고 경제적인 면으로도 그 비중이 크다.

나. 통근시설제도(通勤设施制度)

통근시설이라 함은 종업원들이 직장에 출퇴근 할 때 통근버스를 운영하여 복잡한 출퇴근 시 교통난을 경감시켜 주는 것을 의미한다. 그러나 자가운전자들이 많은 현실을 감안할 때 자가 차량에 대한 주차문제를 해소시켜 주거나 차량유지비의 보조, 차량보험가입지원 등도 유용하게 시행할 수 있다.

다. 구매시설제도(购买设施制度)

이는 기업 내에 매점이나 소비조합을 설치하고 종업원들이 양질의 생활용품을 저렴하게 구입할 수 있게 하거나, 자사제품의 할인 또는 할부로 판매하여 종업원 가계의 물품구매에 편익을 주고자 설치된 시설과 운영제도를 말한다.

라. 공제 · 금융제도(提成、金融制度)

공제 · 금융제도는 사회보험이나 사회보장제도가 미비한 우리나라에서는 사회보장을 보충하고 종업원의 가정경제의 기반을 조성하여 주는데 중요한 역할을 한다고 볼 수 있다. 이는 종업원이 집단생활에 있어서 공동체의식을 강화시켜 주고 긴급생활자금이 필요할 때나 경조사를 당했을 때 필요 이상으로 물질적·정신적 부담을 가지지 않도록 하며 종업원의 재산증식을 도모할 수 있도록 하는데 의의가 있다.

마. 육아시설제도(保育设施制度)

육아시설이란, 기업 내에 종업원의 자녀를 위하여 탁아소나 유치원을 설치 · 운영하여 가사와 직장일을 병행하기 어려운 주부인력의 육아부담을 해소시켜 주고 자녀들에게도 전문적인 육아나 교육지도를 받게 하는 제도와, 종업원 본인이나 자녀의 학자금을 기업이 부담 또는 융자하여 교육비부담을 경감시켜 주는 내용이 포함된다.

바. 피복지급제도(供给服装制度)

종업원이 업무에 필요한 작업복, 작업화, 및 안전장구 등을 기업 측의 부담으로 제공하여 주는 것으로서 많이 보편화되어 있는 제도이다. 예를 들면, 항공사에 제공하는 유니폼, 가방 등이 이에 해당된다.

2. 보건 및 위생시설제도(保健及卫生设施制度)

기업 내 종업원과 가정이 건전해야만 양질의 노동력을 기업에 제공할 수 있기 때문에 의료 및 보건위생시설이나 제도는 종업원의 건강하고 건전한 생활을 보장하기 위한 것으로서 질병의 치료와 예방, 또는 심신의 건강유지와 관련된 일련의 시설과 제도를 말한다.

1) 보건 · 휴양시설제도(保健、休养设施制度)

보건 · 휴양시설이란, 사내에 목욕시설, 이용실, 미용실, 휴게실 등을 설치하고 무료 또는 실비로 이용토록 하여 최소의 비용으로 위생적이고 쾌적한 기분으로 업무에 임하도록 하거나 온천, 해변, 산간 등에 휴양소를 설치 또는 회사소유 콘도를 준비하고 종업원이 가족과 함께 이용하게 하며 휴가 시에는 휴가비를 지급하거나 체력단련비를 지급함으로써 피로를 회복하고 건강한 심신을 유지할 수 있도록 지원하는 것을 말한다.

2) 의료지원시설 및 제도(医疗援助设施及制度)

의료시설이란 기업 내의 진료실이나 병원(계약병원 포함)과 요양소시설 등을 들 수 있다. 보통 이곳에는 전임 또는 위촉된 의사나 약사, 간호사를 두고 종업원과 그 가족의 건강검진이나 질병의 진단과 치료를 함으로써 종업원의 직장생활과 개인의 사생활에 이르기까지 건전한 심신을 유지할 수 있도록 하고, 만일 장기치료를 요하는 경우에는 요양소를 이용하게 하며 질병 시에는 의료비의 보조를 통하여 충실하고 완전한 치료를 받도록 하는 것을 말한다.

3) 문화 · 체육 · 오락시설제도(文化、体育、娱乐设施制度)

이는 교육시설, 교양관계 시설, 체육시설 등을 총칭하는 것으로, 이 제도 및 시설은 종업원들이 인격과 정서를 함양하고 품격을 높이며, 스포츠로 건전한 심신을 단련케 하는 한편, 오락에 의해서 생활에 즐거움을 느끼고 서로간 친목을 도모케 하는데 목적이 있다. 생활수준이 향상되고 산업화에 의한 인간성 소외현상으로 인하여 이런 제도와 시설은 중요성을 띄게 되었다.

3. 카페테리아 복리후생제도(选择性福利制度)

카페테리아 복리후생제도란, 선택형 복리후생제도로도 부르며, 회사에서 복수의 신청가능 항목을 다양하게 종업원에게 제시하고, 이용예산과 선택권을 주는 새로운 제도이다. 카페테리아제도는 다양한 메뉴 중에서 사원의 선택을 우선으로 실시하는 제도로 비효율적인 복리후생비를 고객중심으로 운영하는 데 있다. 급격한 경영 환경의 변화만큼 종업원의 욕구대상이 변하고 있는 데 초점을 맞추고 있다.

종래의 표준적 복지후생은 기업이 후생복지의 종류를 일률적으로 정하여 이를 종업원에게 제공하는 것으로서, 후생복지와 종업원의 욕구가 불일치함으로 해서 그 비용에 효과가 불투명하였다.

이에 카페테리아식 복지후생은 종업원의 욕구를 정확히 파악하여 이에 대한 적절한 대책을 모색하고자 하는 효율적 복지후생관리의 필요에 의해 도입되었다.

카페테리아 복리후생제도는 선택항목 추가형(core benefit plan)과 패키지 선택형(package plan), 선택적 지출계좌형(flexible spending account)으로 나누어 볼 수 있다. 이러한 카페테리아 복리후생제도의 장점으로는 첫째, 종업원의 동기부여와 자율성 강화가 있다. 종업원의 욕구를 반영하므로 동기부여에 효과적이며, 종업원에게 선택권을 부여함으로써 자율성을 강화할 수 있게 되는 것이다. 둘째, 예산의 합리적인 배분이 있는데 종업원이 선택하지 않는 항목을 줄임으로써 복지항목에 대한 예산의 합리적인 배분이 가능하게 된다. 셋째, 노사협력증진이다. 노조 또는 근로자 대표를 선택적 복리후생제도의 계획에서부터 실행 및 사후 평가과정에 참여시킴으로써 노사간의 협력을 증진시킬 수 있다.

단점으로는 첫째, 관리비용 및 업무증대 유발시키는데 선택 옵션이 많을수록 전산개발 비용을 비롯한 전반적인 복지후생 관리비용과 업무증대가 유발된다. 둘째, 조직에 대한 오해와 불신 야기를 들 수 있다. 카페테리아 보상체계의 프로그램이 너무 복잡하고 이해하기 어려운 경우, 기대했던 동기부여 효과를 얻지 못하고 오히려 조직에 대한 오해와 불신만을 갖게 된다. 셋째, 종업원 간의 갈등 야기가 발생될 수 있다. 선택의 결과가 좋은 종업원과 나쁜 종업원 간에 갈등이 야기되어 협력과 공동체를 저해할 수 있다.

[그림 8-1] 카페테리아 복리후생제도의 유형

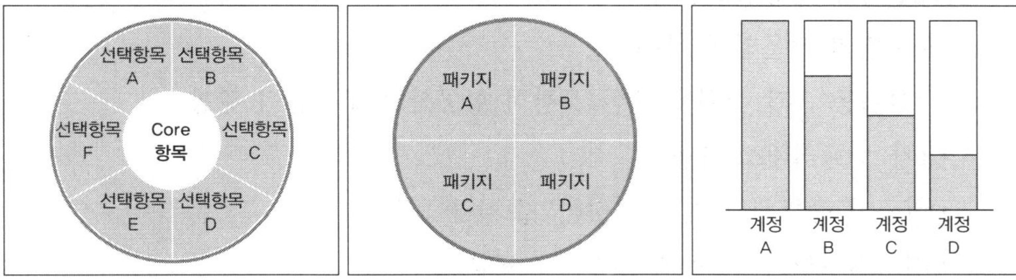

Type 1 Core Benefit Plan	Type 2 Package Plan	Type 3 Flexible Spending Account
• Core 항목은 전 직원들에게 공통적으로 제공되며, 선택 항목은 직원들의 기회에 따라 다르게 선택할 수 있다.	• 기업측에서 제공하는 다양한 복리항목을 Package화하여 그 중에서 직원들의 기호에 따라 선택할 수 있다. • Package별 특성이 있지만 현금가치는 동일하다.	• 직원이 필요로 하는 복리항목을 계정으로 설정하고 개인에게 부여된 점수(Credit)를 각 계정별로 나누어 할당할 수 있게 된다. • 직원들은 할당된 점수에 따라 복리항목을 구매 또는 이용하게 된다.

자료 : 한국경영혁신연구회, 포괄적 인사관리, http//www.seri.org/forum/costhalf/

제3절 항공사의 복리후생(航空公司的福利)

1. 대한항공 복리후생(大韩航空福利)

대한한공은 "직원은 고객처럼, 고객은 가족처럼"이라는 내부 고객 만족을 지향하는 기업문화를 바탕으로 안정적 생활 보장을 이룰 수 있도록 전직원에게 다양한 복리후생제도를 지원하고 있다.

1) 주택지원제도(提供住宅补贴制度)

- 사택지원 : 김포, 김해, 제주에 2,200세대 보유
- 주택 구입자금, 전세자금 지원

2) 의료지원제도(医疗补贴制度)

- 대한항공 항공의료센터
- 50여명의 전문인력 상주
- 주요활동 : 전 직원에 대한 포괄적 항공산업 보건관리 활동
  • 1차 의료서비스 제공
  • 항공기 승무원 신체검사 전문의료기관 업무
  • 전직원 건강검진 업무(특수항목 포함)
  • 기초체력 측정 및 운동 상담
  • 영양상담
  • 각종 보건관리 업무

3) 학자금 지원제도(学费补贴制度)

- 자녀학자금 지원 : 중/고/대학교 자녀 학자금 지원
- 해외유학자녀 및 해외주재원 자녀 학자금 지원
- 육아여직원 보육비 지원
- 직원 대학원 장학금 지원 : 인하대 국제물류대학원, 항공대 특수대학원 등

4) 복리 및 사회보장제도(福利及社会保障制度)

- 신용협동조합 운영
- 국민연금, 개인연금 지원
- 건강보험, 고용보험, 산재보험, 자가보험(암 및 질병 대상) 지원
- 사내 근로복지기금 운영

5) 항공권 지원제도(机票补贴制度)

- 대상 : 입사발령 3개월 이상 근무한 직원 및 가족

- 직원용 할인 항공권 제공 : 국내선 및 국제선
- 결혼, 효도 청원 항공권 제공
- 직원용 타 항공사 할인 항공권 제공(협정체결 항공사 대상)
- 퇴직 직원용 항공권 제공

6) 문화 여가지원제도(文化休闲补贴制度)

- 장기 근속직원 여행지원 : 근속년수 15년 이상 직원을 대상으로 가족여행비 지급
- 콘도지원 : 한화, 한국, 휘닉스, 성우 등 총 262구좌 전국 콘도 보유
- 취미반 활동지원 : 등산, 축구, 테니스, 볼링, 사진반 등 28개 취미반
- 헬스클럽 및 수영장 운영
- 정년퇴직 여행비 지원

7) 생활지원제도(生活支援补贴制度)

- 경조사 지원
- 사내 예식장 지원

8) 식사 및 생수제공(供餐和供水)

- 식사제공 : 전 사옥 구내식당 운영 및 식당 비설치 지역에서는 인근 식당과 계약하여 식사제공
- 생수제공 : 과장급 이상 임직원 매월 생수지급 및 사내 정수기 설치

자료 : http://recruit.koreanair.co.kr

2. 아시아나항공 복리후생(韩亚航空福利)

아시아나항공은 구성원들의 안정적인 삶을 위한 주택/학자금 지원 외에 항공권 등 아시아나항공의 일원으로서 자긍심을 가질 수 있는 다양한 복리후생제도를 운영하고 있다.

1) 항공권 지원제도(机票补贴制度)

- 입사 3개월 이상 직원 및 가족 대상
- 국내선, 국제선 및 협정체결 항공사 할인 항공권 제공
- 결혼 등 경조 관련 항공권 및 효도 항공권 제공
- 퇴직 직원 항공권 제공

2) 상조회 운영 및 지원(互助会经营及补贴)

- 재직기간 중 본인 사망 시 1억 5천만원
- 본인 또는 배우자 암진료비 2천 5백만원
- 경조사 화환, 경조용품 지원

3) 여가/문화생활 지원제도(文化休闲补贴制度)

- 15년 이상 장기근속 직원 대상 여행비 지원
- 국내 외 호텔 할인
- 금호콘도(설악/화순/충무/제주) 지원
- 사내 동아리 활동 지원
- 피트니스센터, 수영장, 피부관리실, 카페 등 운영

4) 주거안정 지원제도(提供住宅补贴制度)

- 주택 구입자금 및 전세자금 지원

- 비연고지 근무자 주거비 지원

5) 학자금 지원제도(学费补贴制度)

- 중/고/대학교 자녀 학자금 지원
- 해외 유학자녀 및 해외주재원 자녀 학자금 지원
- 만 7세 미만 자녀 보육비 지원
- 임직원 대학원 학자금 지원 : 서울 및 수도권 지정 대학원

6) 의료서비스 지원제도(医疗补贴制度)

- 건강상담과 투약 및 처치 등 1차진료 지원
- 2, 3차 진료기관과 협진체계 구축 및 분야별 전문 자문의사 위촉
- 전 근로자 건강검진 실시

7) 사회보장 및 생활지원(社会保障及生活支援)

- 국민연금, 건강보험, 고용보험, 산재보험
- 경조사 지원
- 근로자의 날(또는 추석) 선물 및 신입직원 중 졸업기념 선물 제공
- 구내식당(식사 제공) 및 사내 카페 운영

8) 계열사 할인(集团公司折扣)

- 에어부산, 금호고속, 금호타이어, 금호리조트, 대한통운 등 이용 시 10~50% 할인

자료 : https://recruit.flyasiana.com

제8장

복리후생의 요약
(对福利的概括说明)

복리후생은 일반적으로 임금이나 근로조건과 무관하게 종업원의 편익(benefit)을 제공하기 위하여 기업이 추가적으로 제공하는 보상이다. 복리후생에는 기업부담을 법률로서 의무화시키는 4대 사회보험(산재보험, 고용보험, 국민연금, 건강보험)과 법정 외 복리후생이 있다.
항공사의 복리후생은 회사마다 차이가 있으나, 대한항공의 복리후생은 4대 사회보험 외에 법정 외 복리후생 성격으로 주택지원제도, 의료지원제도, 학자금지원제도, 복리 및 사회보장제도, 항공권 지원제도, 문화 여가 지원제도, 생활 지원제도, 식사 및 생수 제공 등이 있다.

福利一般和工资或劳动条件无关，是企业为给从业人员提供利益(benefit)而追加提供的补偿。
福利包括法律上将企业的承担义务化的四大保险(工伤保险、雇佣保险、养老保险、健康保险)和法律规定以外的福利。
每个航空公司的福利都有一定的差别、大韩航空的福利除了四大社会保险以外、作为法律规定以外的福利还提供住宅补贴制度、医疗补贴制度、学费补贴制度、福利及社会保障制度、机票补贴制度、文化休闲补贴制度、生活支援补贴制度、供餐和供水制度等。

참고문헌

1. 국내문헌

권용만 · 신형재(2008), 인적자원관리론, 무역경영사.
금재호 · 조준모(2006), 글로벌화 시대의 고용문제와 노사간계, 국가경영전략연구원.
김동배 외(2004), 고용유연화와 인적자원관리 과제, 한국노동연구원.
김윤태(2008), 호텔 · 외식산업 인적자원관리, 대왕사.
김인범 · 신현관(2009), 리더가 꼭 알아야 할 실전인사관리, 중앙경제평론사.
김진혁(2009), 서비스산업 발전을 위한 기업과 정부의 과제, 삼성경제연구소.
김충호 · 원융희(1997), 호텔조직인사관리, 대왕사.
나승우 · 김정순(2006), 연봉제 인사평가와 운영실무, 미래와 경영, pp. 57-59.
나윤서(2010), 「델파이기법을 이용한 항공사 객실승무원의 교육훈련프로그램 개발에 관한 연구」, 세종대학교 대학원 석사학위논문.
노동부(2007), 「직무분석 및 직무평가 가이드북」.
노순규(2001), 「한국형 임금구조의 개선방안」, 기계산업(4), pp. 48-53.
대한상공회의소(2006), 신입직원에 대한 교육훈련 실태조사.
박경규(2001), 신인사관리, 홍문사.
박경문 외(2001), 신인적자원관리론, 무역경영사.
박계홍 · 권혁수(2002), 「기업의 교육 · 훈련 투자실적과 성과요인과의 관련성 연구」, 중소기업정책, 24(3).
박귀현(1998), 「구성원의 경력개발, 조직 활력 높인다」, LG주간경제(5.06), pp. 40-47.
박길우(2007), 쉽게 알자 인사관리, 더난출판.
박소연(2006), 「항공사 객실승무원 교육훈련 실무전이 연구」, 경기대학교 대학원 석사학위논문.

박승식(2006), 「항공사서비스 요인이 승객 애호도에 미치는 영향 연구」, 관광경영학연구, 10(2), pp. 47-71.

박우성(2002), 역량중심의 인적자원관리, 한국노동연구원.

박재풍(2009), 「신임경찰관의 입직동기와 교육훈련 만족도에 관한 연구」, 동국대학교 대학원 박사학위 논문.

박해룡(2008), Strategic Human Resource Management, 한국생산성본부.

부산경남산업안전본부(2005), 「안전보건교육교재」.

송기영(2005), 「채용관리의 중요성과 역량중심의 채용 프로세스 구축방안」, 한국경영자총협회.

원석희(2001) 서비스 운영관리, 형설출판사.

원융희 · 박충희 · 이창욱(2004), 최신관광인사관리, 백산출판사.

원종표(2001), 「기업복지관리 실무」, 신용보증기금.

원종표(2001), 「연봉제설계 및 연봉급여규정」, 신용보증기금.

원종표(2001), 「인사고과관리 실무편」, 신용보증기금.

원종표(2001), 「인사이동과 승진관리」, 신용보증기금.

원종표(2001), 「임금관리 및 관련규정」, 신용보증기금.

원혜영(2007), 「서비스 교육훈련이 직무만족과 직무성과에 미치는 영향에 관한 연구」, 세종대학교 대학원 석사학위논문.

유정윤(2008), 「항공사서비스에 대한 외부평가가 항공사 선택과 고객의 서비스기대에 미치는 영향에 관한 연구」, 한국항공대학교 항공산업 · 경영대학원 석사학위논문.

윤창인(2005), 「한 · 중 · 일 FTA : 경제의 서비스화 현황 및 서비스 협상의 시사점」, 대외경제정책연구원, pp. 32-44.

윤혜정(2006), 「항공사 기내서비스 교육훈련체계에 관한 연구」, 한양대학교 국제관광대학원 석사학위논문.

이경모 · 박승식(2007), 「항공사 서비스요인이 승객이미지에 미치는 영향 연구」, 관광연구저널, 21(3), pp. 5-22.

이동희(2001), 「항공사이미지요인과 탑승선호도와의 관계에 관한 연구」, 관광지리학, 제15호, pp. 21-41.

이수광 · 이재섭(2003), 서비스산업의 인적자원관리, 대왕사.

이유재(2004), 서비스마케팅, 학현사.

이주인(2000), 「인재확보 및 유지의 베스트 프랙티스」, LG주간경제(6.07), pp. 37-43.

이진규 · 최종인(1998), 「미래조직의 경력관리: 다중경력 패러다임」, 인사조직연구, 5(3), pp. 167-208.

이학종(2001), 「전략적 인적자원관리」, 세경사.

인사시스템연구회(2008), 「인사관리」, 새로운 제안.

인사혁신포럼(2005), 경력개발제도(CDP)운영 매뉴얼, 한국행정연구원.

조병린(2007), 인사관리 패러다임과 전략적 인력계획, 월간HRD(7), p. 79.

조보상 외(2002), (현대)인적자원관리, 무역경영사.

지원식(2005), 「고객이 항공사선택 시 중요시하는 요인에 대한 연구」, 한국항공경영학회 추계학술발표대회.

지현정(2001), 「우리나라 항공사의 서비스품질 평가에 관한 연구」, 세종대학교 대학원 박사학위논문.

차길수(2006), 호텔경영학원론, 현학사.

차길수(2008), 서비스 인간관계론, 대왕사.

최병권(2003), 보상제도 이렇게 운영하라, LG주간경제(1.15), pp. 32-36.

태원유(2001), 퇴직관리의 문제점과 개선방안」, 삼성경제연구소.

하봉찬(2008), 「서비스산업의 발전과 경제성장」, 산업기술정책동향지(4), pp. 1-9.

한국경영혁신연구회, 포괄적 인사관리, http://www.seri.org/forum/costhalf/

한국노동연구원(2000), 21세기형 인적자원관리, 명경사.

함봉수 · 강상묵(2009), 서비스기업 인적자원관리, 백산출판사.

허진(2003), 「직무분석 이렇게 하라」, LG주간경제(3.19), pp. 26-30.

허희영 · 유용재(2005), 항공관광업무론, 명경사.

홍석환(2009), 이것이 진짜 HR이다, 마이구루.

홍용기(2002), 인적자원관리, 형설출판사.

대한항공 http://recruit.koreanair.co.kr

삼성경제연구소 http://www.seri.org

아시아나 https://recruit.flyasiana.com

통계청 http://www.nso.go.kr

한국경영자총협회 http://www.mercer.co.kr

LG경제연구원 http://www.lgeri.com

2. 국외문헌

Anthony, W. P., Kalmer, K. M. & Perrewe, P. L.(2002), *Human Resources Management : A Strategic Approach*, 4th ed., Fort Worth, TX : Dryden.

Ashkenas, Ron., Ulrich, D., Jick, T. & Steve Kerr(1995), *The Boundaryless Organization*, San Francisco : Jossey-Bass Publishers.

Baron, James N. & Davis M. kreps(1999), *Strategic Human Resources : frameworks for General Managers*, New York : John Wiley & Sons.

Beach, Dale S.(1980), *Personnel : The Management of the people at Work*, 5th ed., New York : Macmillan Publishing.

Beatty, Richard W., & Baird, Lloyd S.(1995), *Performance, Measurement, Management, and Appraisal Sourcebook*, Human Resource Development Pr.

Brannick, Michael T., Levine, Edward L. & Morgeson(2007), *Job And Work Analysis : Methods, Research, And Applications for Human Resource Management*, Sage Pubns.

Briscoe, Dennis R., Schuler, Randall S. & Claus, Li.(2008), *International Human Resource Management : Policies and Practices for Multinational Enterprises*, Taylor & Francis.

Brown, B. T.(1991), *Working Ethics : Strategies for Decision-Marking and Organizational Responsibility*, San Francisco : Jossey-Bass.

Butler, Paul F.(1998), Successful Partnership : Human Resource and Stra-tegic Planning at Eight Top Firms, *Organizational Dynamics(Autumn)*, pp. 27-42.

Byars, Lloyd L. & Leslie W. Rue(1994), *Human Resources and Personnel Management Homewood*, IL : Richard D. Irwin.

Champion, M. & C. Berger(1990), Conceptual Integration and Empirical Test of Job Design and Compensation Relationship, *Personnel Psychology*, Vol. 43, pp. 525-553.

Champion, M. A., L, Cheraskin & M. J. Stevene(1994), Career-Related Antecedents and Outcomes of Job Rotation, *Academy of Management Journal*, Vol. 37, pp. 1518-1542.

Colombini, Daniela., Occhipinti, Enrico & Grieco, An(2002), *Risk Assessment and Management of Repetitive Movements and Exertions of Upper Limbs : Job Analysis, Ocra Risk Indices, Prevention Strategies and Design Principles*, Elsevier Science Ltd.

Delpo, Amy.(2007), *The Performance Appraisal Handbook : Legal & Practical Rules for Managers*, Nolo.

Doelling, Carol Nesslein.(2005), *Social Work Career Development : A Handbook For Job Hunting And Career Planning*, Natl Assn of Social Workers Pr.

Ewing, Jeffrey C.(1989), Gainsharing Plans : Two Key Factors, *Compensation and Benefits Review(January-February)*, pp. 49-53.

Fletcher, Cive & Claire Kerslake(1993), Candidate Anxiety Level and Assessment Center Performance, *Journal of Managerial Psychology*, Vol. 8, pp. 19-23.

Fombrun, Charles, J. Tichy, M. Noel & Mary Anne Devanna(1984), *Strategic Human Resource Management*, New York : John Wiley & Sons.

Glener, D.(1996), The Promise of Internet-Based Training, *Training and Development (september)*, pp. 57-58.

Glener, Larry E.(1998), Evolution and Revolution as Organization Grow, *Harvard Business review(May-June)*, pp. 55-67.

Goldstein, Irwin l.(1986), *Training in Organizations : Needs Assessment, Development and Evaluations*, 2nd ed., Monterey, CA : Brooks/cole Publishing.

Grote, Dick.(2002), *Performance Appraisal Question and Answer Book : A Survival Guide for Managers*, Amacom.

Hackman, J. Richard, G. Oldham. R. Janson & K. Purdy(1975), A New Strategy for Job Enrichment, *California Management Review*, Vol. 17, No. 4, pp. 57-71.

Hackman, J. Richard, G. Oldham(1985), Motivation Through the Design of Work : Test of Theory, *Organization Behavior and Human performance*, Vol. 16, pp. 230-279.

Hall, Douglas T.(1996), Proteam Careers of The 21st Century, *Academy of Management Executive*, 11, pp. 8-16.

Heneman, Robert L. & Greenberger, David B.(2002), *Human Resource Management in Virtual Organizations*, Lightning Source Inc.

Hersey, Paul.(2008), *Management of Organizational Behavior : Leading Human Resources*, Prentice-Hall.

Hoover, Robert S.(2008), *Ethical Climate, Organizational Support & Affective Well-Being : A Quantitative Analysis of Perceived Ethical Climnate, Perceived Organizational Support and Job-related Affective Well-being*, Lightning Source Inc.

Ivancevich, John M., Michael T. Matteson, Sars M. Freedman & James F. Phillips (1990), Work-Site Stress Management Interventions, *American Psychologist*, Vol. 45, No. 2(February), pp. 252-261.

Jones, David F.(1984), Developing a New Employee Orientation Program, *Personnel Journal(March)*, pp. 85-92.

Knowdell, Richard L.(1996), *Building a Career Development Program : Nine Steps for Effective Implementation*, Natl Book Network.

Levine, Michael.(2006), *Broken Windows, Broken Business : How the Smallest Remedies Reap the Biggest Rewards*, Warner.

Linne, Mark R., Kane, M. Steven & Dell, George.(2000), *A Guide to Appraisal Valuation Modeling*, Appraisal Inst.

Losey, Michael R. & Meisinger, Susan R.(2005), *The Future Of Human Resource Management: : 64 Thought Leaders Explore The Critical HR Issues Of Today And Tomorrow*, John Wiley & Sons Inc.

Mondy, R. Wayne, P. M Noe & S. R. Premeaux(1999), *Human Resource Management*, Upper Saddle River, NJ : Prentice-Hall.

Nadler, David A. & Edward E. Lawler 111(1983), Quality of Work Life : Perspectives and Directions, *Organizational Dynamics(Winter)*, pp. 20-30.

Nieto, Michael L.(2006), *An Introduction to Human Resource Management : An Integrated Approach*. Palgrave Macmillan.

Noe, Raymond A. & A. E. Steffy(1998), An Investigation of the Factors Influencing Employee Willingness to Accept Mobility Opportunities, *Personnel Psychology*, Vol. 41, pp. 559-580.

Osborn, Debra S. & Zunker, Vernon G.(2005), *Using Assessment Results For Career Development*, Cengage Learning.

Pascale, Richard T.(1984), Fitting New Employees into the Company Culture, *Fortune (May 28)*, pp. 62-69.

Pfeffer, Jeffrey(1994), *Competitive Advantage Through People*, BOSTON, MA : Harvard Business School Press.

Risher, Howard W.(1989), Job Evaluation : Validity and Reliability, *Compensation Benefits Review(January-February)*, pp. 32-33.

Russ. C. F. Jr.(1982), Manpower Planning System : Part II, *Personnel Journal(February)*, pp. 119-123.

Sanchez, J. I.(1994), From documentation to innovation : Reshaping job analysis to meet emerging business needs, *Human Resource Management Review*, 4, pp. 51-74.

Schiff, L.(1997), Manufacturing's Hidden Asset : Temporary Employees, *Fortune(November 10)*, pp. 28-29.

Schippmann, J. S., Ash, R. A., Battista, M., Carr, L., Eyde, L. D., Hesketh, B., Kehoe, J., Pearlman, K., Prien, E. P. & Sanchez, J. I.(2000), The practice of competency modeling, *Personnel Psychology*, 53, pp. 703-740.

Schmidt, F. L. & J. E. Hunter(1981), Employment Testing : Old Theories and New Research Findings, *American Psychologist(October)*, pp. 1128-1137.

Stross, R. E.(1996), Microsoft's Big Advantage-Hiring Only the Supermart, *Fortune (November 25)*, pp. 159-162.

Stuart, Peggy(1993), Labor Unions Become Business Partner, *Personnel Journal(August)*, pp. 54-63.

Sullivan, Robert F. & Donald C. Miklas(1985), OJT that Works, *Training and Development Journal(May)*, pp. 116-122.

Tansky, Judith W. & Heneman, Robert L.(2006), *Human Resource Strategies for the High Growth Entrepreneurial Firm*, Lightning Source Inc.

Tomas, Barry W. & Madeline Hess Olson(1988), Gainsharing : The Design Guarantees Success, *Personnel Journal(May)*, pp. 73-79.

Ulrich, David(1997), *Human Resource Champions : The Next Agenda for Adding Value and Delivering Results*, Perseus Distribution Services.

Wright, Patrick M. & G. Mcmahon(1992), Theoretical Perspectives for Strategic Human Resource Management, *Journal of Management*, Vol.18, pp. 295-320.

Yoder, Dale.(1982), Personnel Management and Industrial Relations, 7th ed., Englewood Cliff, NJ : Prentice-Hall.

찾아보기

사

아

대표저자

함봉수(咸鳳壽)

인하공과대학 기계공학과 졸업(공학사)
연세대학교 경영대학원 경영학과 수료(경영학 석사)
경기대학교 대학원 관광경영학과 수료(경영학 박사)

전) • 육군 보병중위 : ROTC 7기
• 삼성그룹 모기업인 제일제당(현 CJ)에서 25년간, 인천공장 공무과 사원, 본사 기획실 공장관리팀 · 품질관리팀(TQC추진본부) · 기획조사팀, 관리본부 감사팀, 곡물사업본부 기획팀, 분부산 판매부, 종합(유전공학)연구소 연구관리실, 특허팀 겸직, 마케팅실 심사부, 본사 사무개선팀, 기술본부 공장개선팀 등 부서장 역임
• 대웅제약(주), (기획 · 인사 · 교육)담당 상무이사
• 한국능률협회, 품질경영 전문위원
• 국가품질경영대상, 표준화 심사위원
• 교과부 전문대학 교육역량강화사업, 대학대표브랜드 평가위원
• 수원과학대학, 항공관광과 학과장, 사회과학부장

현) • 수원과학대학 항공관광과 교수(17년 재직)
• 취업 잘되는 "실용명문대학" 컨설팅 준비

【기업에서의 주요업적】
• 전사적 품질관리(TQC) 추진 및 국가품질관리대상 수상
• 공장혁신(IE), 가치혁신(VE), 설비관리혁신(TPM) 등 기법도입 및 국가 최우수상 수상 주관
• 국내 최초 CMS(기업의 은행 활용 자금관리시스템) 개발
• Jemko 日本經營의 사무직(White Color) 사무합리화 컨설팅(1989년 3.5억원) 추진
• 회사 "고객만족경영"을 정립하여 실경영에 정착

【저서 및 논문】
• 현장에서 건져 올린 전문대학 자기혁신, SERI연구에세이 93, (2008), 삼성경제연구소
• 기업이 탐내는 혁신 인재들, 2009, 경덕출판사
• 서비스기업 인적자원관리, 2009, 백산출판사
• 관광학개론, 2011, 백산출판사
• 연구인력의 동기부여에 관한 연구(석사학위논문, 1985)
• 한국 관광호텔의 경영평가에 관한 연구(박사학위논문, 1992)
• 호텔의 서비스 품질경영활동에 관한 이론적 고찰(한국호텔경영학회, 1999) 외 다수

【수상】
• 대통령 표창장(국가산업발전 기여)
• 사단장 공로표창장(군 전력증강 기여)
• 수원과학대학장 공로상(학생취업 기여)
• 수원과학대학장 업적평가 우수표창상(교육영역)

공동저자

서균림 인서비스 대표, 전 대한항공 객실승무원

한향숙 수원과학대학 외래교수, 전 대한항공 객실승무원

김지아 중국동방항공 인사과장겸 객실승무원

항공관련 60여개 대학생과 중국 유학생을 위한
항공사 인적자원관리(航空公司人力资源管理)

2011년 9월 25일 초판 1쇄 발행
2015년 9월 10일 초판 3쇄 발행

지은이 함봉수 · 서균림 · 한향숙 · 김지아
펴낸이 진욱상 · 진성원
펴낸곳 백산출판사
교 정 편집부
본문디자인 편집부
표지디자인 오정은

저자와의 합의하에 인지첩부 생략

등 록 1974년 1월 9일 제1-72호
주 소 경기도 파주시 회동길 370(백산빌딩 3층)
전 화 02-914-1621(代)
팩 스 031-955-9911
이메일 editbsp@naver.com
홈페이지 www.ibaeksan.kr

ISBN 978-89-6183-524-4
값 15,000원